新华学术

新华学术·思享者

新华学术系列图书：

《想透彻：当代哲学导论》［美］夸梅·安东尼·阿皮亚 著

《法国人是如何思维的》［英］苏迪·哈扎里辛格 著

《木偶的灵魂：自由只是一种错觉》［英］约翰·格雷 著

《稻草狗：进步只是一个神话》［英］约翰·格雷 著

《反利维坦：政府权力与自由社会》［美］罗伯特·希格斯 著

《道德之弧：科学和理性如何将人类引向真理、公正与自由》［美］迈克尔·舍默 著

《民主的反讽：美国精英政治是如何运作的》（第15版）［美］托马斯·戴伊 著

《权力精英》［美］C·赖特·米尔斯 著

《政府为什么会失败》［美］兰迪·T. 西蒙斯 著

《幸福乌托邦：科学如何测量和控制人们的快乐》［美］威廉·戴维斯 著

《文化的重要作用：价值观如何影响人类进步》［美］塞缪尔·亨廷顿 主编

《电影院里的哲学课》［英］克里斯托弗·法尔宗 著

《哲学能做什么》［美］加里·古廷 著

《非常识：最聪明哲学家们的最奇怪思想》［美］安德鲁·佩辛 著

《思想者心灵简史：从苏格拉底到尼采》［美］詹姆斯·米勒 著

《道德哲学十一讲》［英］艾里克斯·弗罗伊弗 著

《没有标准答案的哲学问题》［美］菲尔·沃什博恩 著

《我们如何思维》［美］约翰·杜威 著

《论人的本性》［美］爱德华·O·威尔逊 著

《对权威的服从：一次逼近人性真相的心理学实验》［美］斯坦利·米尔格拉姆 著

动物的沉默

人类优越论是一种偏见

[英]约翰·格雷◎著
许常红◎译

THE SILENCE OF ANIMALS

On Progress and Other

Modern Myths

新华出版社

图书在版编目（CIP）数据

动物的沉默：人类优越论是一种偏见 / (英) 约翰·格雷著；许常红译.
——北京：新华出版社，2017.7
书名原文：The Silence of Animals: On Progress and Other Modern Myths
ISBN 978-7-5166-3346-5

Ⅰ.①动… Ⅱ.①约… ②许… Ⅲ.①主体意识－研究
Ⅳ.①B016.98

中国版本图书馆CIP数据核字（2017）第157789号

著作权合同登记号：01-2016-0527

动物的沉默：人类优越论是一种偏见

作　　者：[英]约翰·格雷　　**译　　者：**许常红

选题策划：黄绪国　　**责任印制：**廖成华
责任编辑：黄绪国　　**封面设计：**李尘工作室

出版发行：新华出版社
地　　址：北京石景山区京原路8号　　**邮　　编：**100040
网　　址：http：//www.xinhuapub.com
经　　销：新华书店、新华出版社天猫旗舰店、京东旗舰店及各大网店
购书热线：010－63077122　　**中国新闻书店购书热线：**010－63072012

照　　排：臻美书装
印　　刷：北京凯达印务有限公司
成品尺寸：130mm×185mm　1/32
印　　张：7.375　　**字　　数：**170千字
版　　次：2017年7月第一版　　**印　　次：**2017年7月第一次印刷
书　　号：ISBN　978-7-5166-3346-5
定　　价：38.00元

目 录 | CONTENTS

第一章
远古的混沌

猿猴在树枝之间跳来跳去，优美得很，也文明得很；尼安德特人却只能在地上居住，粗野不堪。猿猴和平满足，生活富有情趣，时或一边彼此捉虱，一边思考哲学；尼安德特人则迈步走在大地上，心情阴沉，四处挥舞棍棒。猿猴在树顶上玩笑般地看着树下的他，朝他身上扔坚果玩。有时猿猴也会突然惊恐不已：它们的食物是水果和幼嫩的植物，吃相很优雅；尼安德特人却生啖血肉，残杀动物和同类。他砍掉本来一直立在那里的树木，移走本来一动不动的石头，违反着丛林里的一切法则和传统。他野蛮，残忍。没有动物的尊严——在高度文明的猿猴看来，这是历史的一次野蛮倒退。

——亚瑟·库斯勒：《正午的黑暗》

进步的呼唤

“凯尔茨（Kayerts）被一条皮带吊在十字架上。显然，他是自己爬到了自己又高又窄的葬身之地上的，然后把皮带的一端绑到十字架上，任身子挂在那里悬空摇荡，脚尖离地面只有两三英寸高：他的双臂僵硬地垂着；似乎是在严肃地立正；但是一侧乌紫色的脸颊滑稽地歪在肩膀上。他肿大的舌头朝自己的常务董事吐着，实在是没有礼貌。”

这个吊死的人是一家比利时公司派到刚果一个偏远地区的两名贸易商之一凯尔茨，另一个贸易商卡里尔是欧洲人。这个地方离最近的贸易站有三百英里远。他们俩的大部分工作都是由一个土著翻译做的。这个翻译利用部落头领来贸易站的机会，把贸易站的一些工人卖给他们做奴隶交换象牙。凯尔茨和卡里尔一开始还为自己卷入了奴隶贸易感到震惊，但是后来发现这桩买卖利润丰厚，于是也就接受了。干完贸易站交代的任务后，他们俩几乎无事可做，就读一些廉价小说和旧报纸打发日子。这些读物里大肆宣扬“我们的殖民扩张”和“将光明、信仰和商贸带给四处蒙昧之地的文明使者的丰功伟绩”。读着这些报纸，凯尔茨和卡里尔“开始感到自己更了不起了”。接下来的几个月，他们已经完全懒散松懈了。他们期盼的汽船没有如期到来，储备的物资也快用光了。凯尔茨储藏了一些糖块，在争夺糖块的过程中，凯尔茨杀死了卡里尔。绝望之中，凯尔茨决定自杀。就在他把自己吊死在十字架上时，汽船到了。当常务董事下船上岸后，发现自己面对的是已经死去的凯尔茨。

约瑟夫·康拉德（Joseph Conrad）在1896年写了《进步前哨》(*An Outpost of Progress*)，这个故事至少和他后来写的更有名的中篇小说《黑暗的心》(*The Heart of Darkness*)一样残忍可怕而又发人深省。康拉德描写了凯尔茨是怎样“坐在卡里尔的尸体旁思考；

此时他的思想很活跃，迸发着新的火花。他的旧思想、他的信念、他的喜恶、他所尊重的、他所憎恶的，一切都露出了真面目！可鄙而又幼稚 ，虚假而又可笑。坐在自己杀死的这个男人身边，他陶醉在自己新的智慧中。”但是凯尔茨原有的信念并未消散殆尽，将他带向死亡的正是他依然相信的东西。“进步正在河里召唤着凯尔茨。进步，文明，一切的美德都在召唤着他。社会在呼唤自己长大了的孩子，照料他，教育他，或者谴责他；他离开了社会，来到一片垃圾场，而社会现在正召唤着他，接受应得的审判。”

1890 年时，康拉德曾指挥一艘汽船前往刚果，见证了比利时帝国主义带来的影响。他将故事背景放在这个国家，正是利用了他亲身经历的变化。到达刚果时，他确信自己是一个文明人，他意识到了过去的自己到底是什么：“在刚果人面前，我只不过是一只动物。”康拉德所说的“动物”指的是欧洲人，造成上百万刚果人死亡的欧洲人。

很久以前，帝国主义可以推动人类进步的观念就已经声名狼藉了。但是，曾经与帝国连为一体的信仰并未消失，反而四处传播。即便是那些名义上遵从传统信条的人，也要仰赖对未来的信念才能获得心灵的宁静。历史也许就是一系列的荒谬、悲剧和犯罪；但是每个人都坚持认为，未来仍然要比过去的一切都好。放弃这种希望就会带来绝望，让人陷入凯尔茨那样的精神错乱。

笃信进步有诸多好处，其中最重要的也许是，它能避免我们对自己有太多认识。当凯尔茨和他的同伴冒险进入刚果时，让他们感到陌生的不是当地土著，而恰恰是他们自己。

> 他们住在一间大房子里，像瞎子一样，看到的只有来找他们的人和物（即使对他们了解也很片面），不能看到事物的全貌。河流、森林、悸动着生命的大地反倒像一个巨大的虚无。事物在他们面前出现，消失，没有关联，没有目的。河流仿佛无端地流过了某个空间，从那个空间之外，偶尔驶进来几只独木舟，然后独木舟上手持长矛的男人突然又挤进贸易站的院子里。

他们忍受不了所到之地的沉寂："广阔的大森林绵延不断伸向四面八方，包围着交易站这块微不足道的弹丸之地，藏匿着虚幻人生命运的复杂内涵，在沉寂幽静的洪荒世界里意味深长地漠视着一切。"他们来的时候感到时间是前进的，现在这种感觉却开始慢慢消失。到了故事的末尾，"这些家伙已经为公司效力六个月了（他们已经对'月'没有什么概念了，总体的时间感也已经模糊）。在此之前，他们已经为进步事业服务了两年以上"。凯尔茨和卡里尔远离了自己习惯的环境，他们失去了继续生存下去的能力。"社会照料着这两个人，但不是出于善心，而是出于自身奇异的需求。社会不准他们独立思考，不准他们主动发挥，不准他们偏离常规；一旦违反便以死亡论处。他们只有成为机器才能活下去。"

现代人机器般的状况似乎是一个限制。实际上，它是现代人生存的条件。凯尔茨和卡里尔之所以能作为个体发挥作用，只是因为社会已经将他们塑造完成，直到内心最深处。他们是：

> 两个无足轻重、无才无能的小人物，他

们的存在只有通过文明大众的严密组织才能体现出来。很少有人会认识到，自己的生命、人格的本质、才能和勇气都只不过表达了他们的一个信念：周围的环境是安全的。勇敢、镇定、自信；情感、原则；每一个伟大或平凡的思想都不属于个体，而是属于大众——盲目相信制度和道德拥有不可抗拒的力量、相信警察与舆论拥有巨大威力的大众。

当这两个人走出了他们习惯了的环境，他们就失去了行动的能力了。实际上还不止如此：他们已经不复存在了。

对于生活在神话里的人来说，这似乎是一个不言而喻的事实。人类的进步就是这样的事实。如果你接受了这个事实，你在人类前进的伟大行列中就有一席之地。但是，人类当然不是四处盲目前进的。"全人类"是一个由数十亿个体组成的集合，其中每一个个体都是唯一的，终极的。但是进步是一个有力的神话。当神话失去了它的力量，那些依赖神话为生的人——如康纳德在描述凯尔茨和卡里尔时所说——"就像终身监禁的囚犯一样，多年后终于获释，却不知道要自由做什么。”当对未来的信念被夺走之后，他们心中自己的形象也就被夺走了。如果他们选择死亡，那是因为失去信仰之后，他们再也无法赋予生命意义了。

当凯尔茨决定结束自己生命的时候，他在十字架上吊死了自己。“凯尔茨静静地站在那里。他抬头向上看去；浓雾很低，在头顶上翻滚着。他像迷途者一样四处张望；在飘动的白色薄雾上面，他看见了一个黑色的污迹，一个十字状的污点。正当他跌跌撞撞地向它走去时，贸易站的铃响了，激昂地回应着汽船不耐烦的汽笛声。”就在汽船即将抵达时——同时表明文明依然完好无损——凯尔茨也走到了十字架旁，在死亡中寻得了救赎。

十字架与进步有什么关系？康拉德告诉我们，这个十字架是大贸易公司的主席为纪念死去的第一位代理商而竖立的。他以前是一位不成功的画家，“设计了进步前哨，而且亲眼看到它建成”。这个十字架“已经很歪了”，弄得卡里尔每次经过这里都得斜眼看它，于是有一天，他就把它重新埋直了。为了确保牢固，他把整个人都压了上去：“我两只手攀住十字架把自己悬在上面。十字架一动不动。嗬，我弄得真不错。”在雾中，凯尔茨感觉是一团黑黑的、脏脏的污迹的东西正是它。他在这里结束了自己的生命。

在现代社会本身不断向自己重复的故事里，进步信念和宗教信仰是相互冲突的。在信仰笼罩的黑暗时代，人类生活没有任何发生根本改变的希望。现代科学的到来给人们展现了改善的前景。增长的知识让人们能够掌控自己的命运，使他们从迷失的阴影里走出，步入光明。

实际上，进步的观念并不像现代神话所说的那样，在这种意义上与宗教相悖。对进步的信仰起源于耶稣（一位不遵从常规的犹太先知，他宣告了世界末日将要到来）的启示，是早期基督教流传后世的思想。不管是对古埃及人还是古希腊人，太阳底下都没有什么新事。人类历史是自然界循环的一部分。印度教、佛教、道教、本神道教都是如此，希伯来语《圣经》中成文较早的部分也是如此。基督教——这门由圣保罗根据耶稣的生平和教诲发明的宗教——创造出了对人类事务可能发生根本转折的期望，从而为现代世界奠定了基础。

在现实中，人类生活与以往并无多大变化。如华莱士·史提文斯所写：

> 她听到，一个声音落在水面上
> 静静无声响
> 那声音喊道，在巴勒斯坦的坟墓
> 不是鬼魂徘徊的柱廊，
> 而是耶稣的墓穴，他在那里躺着

我们生活在太阳下古老的混沌中央。

最初基督徒们真的期待世界末日的到来，但没过多久就变成了精神转变的隐喻。然而转变还是在对未来的希望中发生了。但是如同四季一连串的周而复始，历史逐渐被当成了偿还和救赎的故事，而在现代，救赎被等同于知识和权利的增长——像那个让凯尔茨和卡里尔来到刚果的神话。

当康拉德在《黑暗的心》中利用他在刚果的经历作为素材时，他并不是在讲述一个发生在偏远地区的野蛮人的故事。叙述者是在停泊于泰晤士河口的一艘快艇上讲述这个故事的：康拉德在书中暗示，野蛮并不是生命的原始形式，而是文明的病态发展。同样的思想也在他的另一部小说《间谍》（*The Secret Agent*）中出现。这是一本以恐怖和阴谋为主题的小说，背景是伦敦。主人公，一个信仰无政府主义者的教授，在大衣里藏了一枚炸弹到处旅行，打算一旦被捕就引爆。他希望人们相信，人类已经被本质上是一个犯罪组织的政府腐化了。但是，康拉德认为，被犯罪腐化的不仅仅是政府。所有的人类制度——家庭和教会、警察机关和无政府主义者——都被犯罪污染了。用制度的腐败来解释人类的堕落引出了一个问题：为什么人们会受制于腐败的制度？很明显，答案在于人类这种动物本身。

康拉德向我们描述了教授与真理斗争的过程："他站在一条笔直的长街上，身边挤满了人，而这只是为数众多的人类的一小部分；在他的四周，人越聚越多，一直到了被巨大的砖堆遮蔽的地平线的尽头。从数目上，他感觉到了人类的力量。他们蜂拥而至，繁多如蝗虫，勤勉如蚂蚁，而又像自然之力一样没有思想，盲目而有序地向前推进，全神贯注，对情感、法律乃至恐怖活动都无动于衷。"

教授继续梦想着未来，梦想着人类未来的新生。但是他真正热爱的却是毁灭。“这位不可腐蚀的教授把眼光从可憎的人群中移开，继续向前走着。他没有未来。他鄙视未来。他是一种力。他的思想拥抱着毁灭的意象。他继续走着，那么虚弱，无足轻重，寒酸，悲惨——又令人厌憎地、天真地、疯狂地、绝望地呼唤着世界的重生。” 如果凯尔茨上吊是因为不再相信进步，那么教授准备杀死他人和自己就是为了表明，他对未来还有信心。

进步神话为接受它的人的生活投下了一丝意义的影子。凯尔茨、卡里尔，还有很多跟他们一样的人，他们从未做下什么称得上有意义的事。但是，他们对进步的信仰，让他们自己的小算盘仿佛也成了千年大计的一部分。只有在惨死那一刻，他们才获得了活着时从未拥有过的东西：彻底的徒劳。

冻结的马匹和满是砖砾的荒原

1943 年 10 月初，当诺曼·刘易斯（Norman Lewis）作为英国情报机关军官到达那不勒斯时，他看到的是一个几乎要被饿死的城市。

> 我看到了一座挣扎着的城市：破败不堪，饿殍遍地，失去了一切城市必备的要素。它艰难地适应着，生活的状况几乎与黑暗时代不相上下。我震惊了。人们像贝都因人[1]那样在砖砾废墟上露营。几乎没有食物和水，没有盐，也没有肥皂。许多那不勒斯人的财产在空袭中被毁灭了，包括大部分衣物，我在街上看到过各种奇怪混搭的穿着：一个男人上身穿着旧晚宴上衣，下面套着灯笼裤，脚上竟踏着一双军靴；几个女人披着蕾丝边的袍子，大概是用窗帘改的。路上没有小汽车，但是有数以百计的手推车，还有不少古董马车，比如四轮四座大马车和轻型马车，拉车的马都很瘦弱。今天我在珀斯利普驻足注视着几个年轻人有条不紊地折着一辆抛锚的德

1. 贝都因人（Bedouins），在阿拉伯半岛、叙利亚和北非沙漠中游牧的阿拉伯人。

国半履带车，他们像切叶蚁一样川流不息，搬运着一片片各种形状尺寸的金属片……每人都是临时参与进来的，而且很快就适应了。

刘易斯在1978年出版的《那不勒斯1944》（*Naples ’44*）书中写到自己的经历，给我们呈现出了一幅文明破碎时代的生活画面。这个城市刚解放不久就遭受了瘟疫的打击——梅毒还在蔓延，一种斑疹伤寒症又侵入了——居民们身处死亡和疾病包围之中。除了与疾病抗争之外，还有一场消耗了他们一切能量的战斗：活下去。

刘易斯生活的动力，就是逃离两次世界大战之间的英格兰那种拘束的生活。他出生在伦敦郊区恩菲尔德，年轻时大部分时间也生活在那里。他娶了一个西西里岛黑手党成员的女儿。他的黑手党岳父是藏在一副棺材里偷渡到美国的。有一天，他在纽约的公寓被机枪扫了个遍，于是他决定回欧洲，最后落脚在英国的布鲁姆斯伯里。这个西西里岛人资助刘易斯一路走上经商之路，成了R.G·刘易斯摄影工作室的老板，借此刘易斯曾一度垄断了莱卡相机的英国市场。据刘易斯说，在 1937 年的二月，正是在这个商店的一次偶遇，他被一名英国情报人员吸收为“业余间谍”，然后被派到也门执行任务。他乘坐一艘单桅三角帆船到了也门，却被拒绝进入这个依然实行封建制度的国家。回国途中，刘易斯与一位英国考古学家结下了友谊，促使刘易斯最终加入情报部门的大概就是他。

当刘易斯在 1943 年 9 月登上那不勒斯东南小镇帕埃斯图姆的海滩时，他看见了“陆地上是一片非同寻常的，虚假的死寂”。尸体遍布海滩，“一长排连续不断，一个挨一个，肩并肩，姿势极其相似，就像在举枪致敬接受死神的检阅一样。”刘易斯站在陆地上，太阳在他的背后正沉向海面，他看见“帕埃斯图姆的三座保存完好的神庙，在太阳的余晖中闪现着粉红色的耀眼光芒”。在他和神庙之间的地上有两头死去的奶牛，四蹄朝天。这个景象让他突然觉得“像一束光亮，一束伟大的生命历程之光”。

刘易斯写道，当盟军解放那不勒斯的时候，全城的人都没有工作，四处搜刮吃的。解放是以地毯式轰炸为前奏的，工人区完全被摧毁，水电全部被切断。德国人撤退时还留下了延时炸弹，让形势更添凶险。

经济完全瘫痪，居民只有找到什么吃什么，包括水族馆里的热带鱼。几千人挤进只有一英亩大的屠宰场，靠屠宰动物的下水、鱼头和街上抓的猫维生。一家家的人到乡下寻找蘑菇和蒲公英，设陷阱捕鸟。但是盟军管理机构并没有注意到，药品黑市交易繁荣异常。

什么东西都可拿来卖钱，因此任何能被搬动的东西都很容易被偷——从公共广场的雕塑、电线杆、青霉素药瓶和医疗器械，到小船、墓石、汽油、轮胎、博物馆的藏品、大教堂的铜门等等。以前的中产阶级沿街兜售珠宝、书籍和名画，一个“嘴唇发白，微笑着的”教士在卖雨伞、烛台和从陵墓里盗窃的骨雕，而这个城市大约三分之一的女人在定期或不定期地卖身。刘易斯写道，一名当地贵族来拜会过他，这个人在附近有一处豪宅，还是一处巨大地产的外居地主。到了这个艰难时局也败落了，做起了线人。但是，他是跟妹妹一块来的，希望给她在军营妓院里找个活干。当刘易斯解释说英国军队里没有这样的机构时，贵族显得那样茫然无措。“真可惜”，他说，然后转向和他一样说一口标准英语的妹妹，遗憾地说：“啊，好吧，露依莎，我想这是不可能的，不可能了。”

这里的治安是由秘密社团“克莫拉”维持的。该组织曾经是“对抗地痞恶霸与接踵而来的外国税吏的自保组织”，现在只不过是一场闹剧而已。警察和法院已经彻底腐化了。刘易斯希望对黑市交易加以限制，决定拘捕一名涉嫌走私青霉素的贩子。那个非法牟利者对刘易斯说：“别装得那么不食人间烟火，跟个人似的，那对你一点好处都没有。你以为你是谁呀？狗屁不是。我昨晚还在跟一个陆军上校一起吃饭呢。如果你厌倦了那不勒斯的生活，我可以帮你离开。”走私犯被拘留了，当刘易斯到他的监房时，发现他正在享用精美的膳食，还邀请刘易斯一起享用。案子后来石沉大海。刘易斯原本指望的证人拒绝出庭作证，而那个走私犯又查出点小毛病，要求保外就医。实际上，这已经超出了司法的范畴。当刘易斯向上司汇报这个案子时，别人都很诧异他能抽出时间追查这件事。

刘易斯慢慢意识到，他向这个城市带来表面上的正义公正的努力毫无意义，甚至是有害的。“事实是我们已经扰乱了这里的自然平衡。本该灵活处理，我却死板行事。这里的警察——尽管他们腐败又专横——和平民有自己的一套游戏，我理解不了其中复杂的规则。由于缺乏理解，我失去了他们的尊敬。” 刘易斯还写了一本书:《荣誉社团: 西西里岛黑手党观察》(*The Honoured Society: The Sicilian Mafia Observed*)(1964)，对这个犯罪组织不无同情之语。

在刘易斯所在的那不勒斯，道德不再适用了。在他的自传《我来，我见》(*I Came, I Saw*)(1985)中，他讲述了一件苏军战俘的事：他们到了这座城市，被抓进监狱，然后被送上了一艘运兵船。刘易斯发现了他们是怎样从德军的囚禁中幸存下来的。

> 我花了许多时间来听这些最终的幸存者讲述他们的经历。我逐渐了解到，经历水深火热的战俘集中营考验活下来的苏联人百无其一。一个幸存者是19岁的塔吉克牧人，在被包围后送进了集中营。他回忆说，一个戴眼镜、温文尔雅的矮个子德国人通过扩音器用俄语跟他们讲话，他对囚犯们说：“这里像你们这样的人比你们想的要多得多，我们只有一千人的粮食，你们却有一万人，结论是什么，你们自己去想吧。”

正如刘易斯所描述的那样，对于幸存者来说，要想从吞噬了四五百万人生命的集中营里活着出来，“第一个要克服的障碍就是对食人的厌恶；我听说这条船上所有人都吃过人肉。大多数人毫不迟疑地承认，这常常很令人吃惊——似乎忏悔可以减轻心理负担——他们渴望忏悔。他们的故事就像古老、阴森的亚洲传说一样：这些囚犯蹲在充满恶臭昏暗的甲板下面，一旦有人死了，就伸开双爪尖叫着朝尸体爬去，在德国人把尸体拖出去之前，像饿狼一样扑在尸体上狼吞虎咽。”

从德国集中营幸存下来，并加入了德军的战俘都很怕被遣返回苏联。他们说服英国人给他们穿上英军卡其色军装之后，暂时放下心来。囚犯们相信，如果穿着英军制服，苏联当局就会把他们当盟军对待。英国人觉得他们未来的日子不会好过，于是宁愿不去仔细打听他们后来的命运。实际上，大多数幸存者在被移交后都遭到枪决，剩下的则扔进了古拉格劳改营。

由于在那不勒斯的经历，刘易斯改变了信仰。事情是这样的，当时他正在一个餐馆吃饭，一群年龄在 9

到 12 岁之间的女孩出现在餐馆门口。这些女孩都是孤儿，食物的香味把她们引到了这里。刘易斯注意到她们在哭泣，并且意识到她们都是盲女，他期望和他一同进餐的人放下碗筷。但是没有人停下。他们视这些女孩如无物。“一叉子接一叉子地塞进张开的大嘴里，喋喋不休的谈话继续着，没有人看见那些泪水。”

反思着这个场景，刘易斯发现“这次经历改变了我的观点。在此之前，我一直坚守着一个自我安慰的信念，即人类最终必然会解决痛苦与悲伤。现在我明白我错了。像圣保罗一样，我也经历了一次转变——不过是转向悲观主义……我知道，由于接连不断的黑暗、饥饿和死亡，人类会不停地哭泣。他们将永远也不会从伤痛中恢复，而那些记忆我也将永远不能忘记”。

刘易斯信仰的转变并没有消减他的生活情趣。在晚年，他醉心于种植百合，英格兰最稀有的一些品种在他这里就能找到。但是他继续四处旅行，在漫长的一生中笔耕不辍（他于 2003 年以 95 岁高龄逝世）。不管是谈数十年的战乱给东南亚古老文明带来的毁灭，还是基督教传教士对亚马逊部落民的奴役，他的书中都蕴含着深沉的愁绪，并夹杂着“我对活着所感到的深切喜悦”。

1944年在那不勒斯的生活改变了刘易斯，但是并没有改变库尔齐奥·马拉帕尔特（Curzio Malaparte）。马拉帕尔特是一名作家、士兵、建筑师和作曲家，还是1919年凡尔赛和会的媒体协调人，写过一本政变实用技术手册（现在依然有人参阅）。他在那不勒斯和刘易斯同时发现了自我，后者说在卡普里附近的岛屿聚会上瞥见了他“心神不宁的脸”。到达那不勒斯不久，马拉帕尔特就开始为解放者效力，谋了一个与美军统帅部联络的意大利联络官职位，而且同时好像还成了美军的情报人员。

对于马拉帕尔特来说，解放后的求生挣扎比战争中的任何事情都更糟：

> 解放前，我们抗争受苦是为了不死掉，现在则是为了活下去。逃避死亡和求得生存之间有着深刻的差异。为了不死掉而战的人还保有着尊严，所有人，不管男女老少，都在嫉妒地、顽强地、激烈地维护着自己的尊严——……当人们拼命去逃避死亡时，绝望中

产生的坚韧会让他们牢牢抓住一切，抓住那些构成生命以及生活的永恒，抓住生命的本质，抓住最高贵和最纯洁的东西：尊严、骄傲、良心自由。他们为了拯救自己的灵魂而战。而解放后，人们得为了活下去而奋斗……这是件丢脸、讨厌、可耻又不得不做的事，一场为活命的争斗。只是为了活命。只是为了保全性命。

透过城市里的生存竞争，马拉帕尔特看到了文明的消散。市民们原有的自我形象，受是非观塑造——不管有多少缺陷和不足——的人，消失了。剩下的只是一群为了生存下去，时刻准备做任何事情的饥饿的动物；但不是在森林或丛林里杀戮和死去的那些动物，它们是没有罪的。其他动物没有人类看重的自我形象，满足于自己的本性。对人类来说，生存之战就是和他们自己的战争。

马拉帕尔特将讲述自己的那不勒斯生活经历的书取名为《皮肤》（*The Skin*）。1949 年发行后，此书就上了罗马教廷的禁书名单——这不是没有原因的。

马拉帕尔特声称，当文明失败后，如果那不勒斯人受的痛苦比其他欧洲人要少，那是因为他们并非怀有深刻信仰的基督徒。他们只是肤浅地接受了这种统治全欧洲的宗教，将它视为一种古老的宗派承接了下来。宗教教义并没有深入他们的灵魂。于是，他们很轻易地便放弃了作为受道德约束的人类的自我形象。

《皮肤》中记述了作者想象的与城市的美国解放者之间的几段对话，这不是真实发生的事件，而是以超现实主义的方式表现了作者的经历。在一则对话中，他夸张地大谈那不勒斯的独一无二："那不勒斯是欧洲最神秘的城市，是唯一一座没有像尼尼微[1]、伊利昂[2]、巴比伦[3]一样消亡的古文明城市。它是世界上唯一一座并非只能在巨大沉船中才能一寻踪迹的古代城市。那不勒斯是没有被埋葬的庞贝[4]（Pompeii）。它不是一座城市：它是一个世界——一个古老的，基督

1. 尼尼微（Nineveh），古代东方奴隶制国家亚述的首都，遗址在今伊拉克北部的摩苏尔附近。

2. 伊利昂（Ilium），小亚细亚西北部的古城特洛伊（Troy）的拉丁名。

3. 巴比伦（Babylon），古代东方奴隶制国家巴比伦王国的首都。

4. 庞贝（Pompeii），意大利南部古城，在维苏埃火山附近，公元 79 年火山爆发，全城湮没。

教诞生之前的世界——一个披着现代表皮的，自成一体的世界。”

在马拉帕尔特看来，那不勒斯是一座异教城市，这里的时间观是古代的。基督教要皈依它的人们相信，历史是一幅单向展开的画卷——一部关于原罪与救赎的道德剧。古代世界中没有这样的戏码，有的只是永恒重复着的故事。那不勒斯生活在那个古老的世界中，从来不指望人类事务会发生什么根本的改变。没有接受基督教救赎故事的他们，也没有受到进步神话的诱惑。他们从不相信文明是永久的，所以当文明建立时，他们也不感到吃惊。

如果我们相信马拉帕尔特，那不勒斯废墟中的景象在他身上没有引起像在刘易斯身上一样的悲伤。相反为他增添了活力。1944 年，《完蛋》（*Kaputt*）一书出版，这是一部讲述纳粹占领下欧洲的半虚构作品。马拉帕尔特在书中写道：

> 我从未感觉到与人民如此近——我——之前我在那不勒斯总感觉自己是外人；我从未感觉与人群如此近，那天之前，我感觉自己如此

格格不入，与众不同。我满身尘土和汗水，我穿着破旧的制服，脸上胡子拉碴，双手和脸上满是油污和污渍。我几个小时之前才从监狱出来，在那些人群里找到了人类的温暖，人类的感情，人类的陪伴，我感受到他们和我一样的不幸，只是他们的不幸比我更大，更深，也许还更真实，更古老。他们的苦难是一个被时代、宿命、神秘本性渲染的宗教性的苦难，与其相比，我自己的苦难只是属于人的，晚近的，没有任何深厚的根基。在他们的苦难中连绝望都被剥夺，却又被宏大的、绚丽的希望所点亮。与其相比，我自己可怜而又渺小的绝望仅仅是一个微不足道的感觉，让我羞愧不已。

如果马拉帕尔特的悲伤与那不勒斯人的悲伤相比是不足道的，那么原因或许是他小心翼翼地避免自己陷入悲伤。在《完蛋》一书中，他把自己描绘成一个持不同政见者，嘲弄请他在欧洲到处吃吃喝喝的纳粹东道主。实际上，他机智善变而又阴险奸诈，总是在寻找着被重用的机会，时刻准备着转换立场。1941 年夏天德国入侵苏联之后，只有几名战地记者获准亲临前线，他就是其中之一。他上前线是因为对他来说，战争是最高的审美体验。然而，我们并不总是能知道哪些是他亲眼所见，哪些又是他后来臆想出来的。

有时候他的报道似乎随心所欲，天马行空。在《完蛋》里，他讲到在芬兰荒野深处一个冰雪覆盖的湖上面，几百匹死马冻成了冰："湖面看起来像一个白色大理石制成的巨大床单，上面放着成百上千匹马头。这些马头像是用斧头砍下来的，干净利落。只有马头露出冰面，朝着海岸的方向。在它们睁大的眼睛里依然燃烧着恐怖的白色火焰。靠近岸边的地方，一群纷乱的野马从下面监狱似的冰层里冒了出来。"我们不知道马拉帕尔特是否真的看见过这样的场景。这些场景是对真实事件的超现实主义描绘，还是他真实经历过的幻觉？可以明确的是，他去往前线想看到的正是这样的东西。

在大部分情况下，马拉帕尔特从前线发回的报道还是真实准确的，有时还颇有先见之明。当他预言对苏战争不仅会旷日持久，而且结局未卜时，他就遭到了德国人的驱逐，然后又被墨索里尼软禁。

马拉帕尔特自称很喜欢林中生活。这可能不完全是真实的——因为他也说过，住在豪华酒店里休息放松是最幸福的事——但其中也有真实的一面，那就是自我厌恶感。他写道，在森林中，人才成为了真正意义上的人：

> 没有什么能像森林中奇异的暴力那样使人如此相互敌视，挑起纷争和冲突，又让他们变得如此麻木不仁，冷酷无情。在森林中，人重新发现了他最初的本性。他最原始的动物冲动重新浮上表面，突破了脆弱的神经网络，在文明的习俗与禁忌虚饰之外，呈现出了最精妙又最肮脏的最本原的样子。

如果说马拉帕尔特喜欢荒野生活，那是因为那里的生活帮助他忘记了他是一个自己唾弃的现代人类。古代的异教徒们没有想象到人类会被文明毁掉。他们知道，文明崩溃之后剩下的只有野蛮，而野蛮正是文明的病态。没有两种人类：野蛮人和文明人。只有永远在和自己交战的名为人类的动物。

战后，马拉帕尔特倒向了左翼，他宣称在毛泽东主义那里看到了一种精神重建的力量，死前不久时正筹划着中国之行。在他生命的最后几日，天主教会和意大利共产党几乎同时接纳了他。他是在活力衰退之时审慎地放弃了异教的审美主义？或者，他的双重皈依恰恰表明他依旧忠诚于那不勒斯的传统？不论答案是什么，马拉帕尔特在死的时候已经与自己达成了和解。

隐形墨水，剥下的人皮和白蚁

亚瑟·库斯勒在他的小说《正午的黑暗》（1940）中对主人公事业的描述与他自己的生活有许多相似之处。他把一个共产党员因被诬告背叛苏维埃政府而判刑的故事写进了小说。就在主人公卢巴雪夫在牢房中等待被处决，已经看淡生死的时候，他经历了一段神秘体验。库斯勒和卢巴雪夫有着相似的经历：西班牙内战期间，弗朗哥军队以共产党间谍的罪名将他逮捕并判处死刑。当描述到他的世界观是如何发生变化时，他写道：“我年轻时把整个宇宙看作了一本摊开的书，书上印满了物理方程式和社会的决定要素；而现在我认为，宇宙是一篇用隐形墨水书写的文章。”

库斯勒相信他瞥见了一篇其意义不能言喻的文本。不管是对作者本人还是他在小说中的另一个自我，这段经验都意味着放弃唯有物质世界真实的确定信念。在小说结尾，卢巴雪夫被处死了。而库斯勒本人则被用来交换共和军的俘虏，侥幸获释，他倾其余生都在试图理解自己在牢中看到的一切。

库斯勒在 1954 年出版了他称之为回忆录的著作，《隐形的作品》（*The Invisible Writing*）。在书中，他叙述了自己的神秘体验。这本书表明，库斯勒确实相信自己发现了一个“更高层次现实的存在，只有它能够赋予存在以意义”。甚至当体验本身消失后，它的痕迹依然延续到了清醒状态下：

> 无言的精华，永恒的芬芳，蓝天里箭头的颤动……我一定是站在那里有几分钟了，出神地站着，默默地意识到“真是完美——完美”，直到我注意到，在心底里有些许不太舒服的感觉——一些琐碎的事情破坏了这一刻的完美。然后我想起了那些互不相关的

恼人事件的本性；当然，我被关在监狱里也可能会被枪决。但这一想法立马遭到另一种情绪回应，用语言表达出来就是："那又怎样？就这些吗？你没有更重大的事情要担心吗？"这个回答是那么自然，鲜活，有趣，就好像当下的烦恼只是衬衫扣子掉了一样。然后我在沉寂之桥之下，仰面躺在平静之河中，这条河不知道源于何方，也不知道会流向何处。于是没有了河也没有了"我"。"我"已不再存在。

三十年代初，库斯勒成了共产国际的特工，部分原因在于对智识秩序的追求。共产国际于 1919 年在莫斯科成立，是一个国际共产主义运动的掩护组机构，背后由苏联控制。他看到了一束光——理性之光——和一种已经显现的模式。读着列宁的《国家与革命》（*State and Revolution*），"有些东西在我脑中滴答作响，像精神的爆炸一样摇晃着我。用'看见了光'来形容这种精神狂喜实在是太轻描淡写了，这种感觉只有皈依者才了解……这道新的光芒仿佛穿过头骨，直射而下；整个宇宙突然成型，就在一瞬间，杂乱无章的一片片拼图奇迹般地组成了一幅宏大的拼图。”

追寻事件中的规律引导他走向了宣称已经发现历史演变逻辑的马克思－列宁主义。发现规律之后，库斯勒和他志同道合的共产主义者们便认为，必须坚决彻底、始终如一地贯彻它。

作为共产国际的工作人员，库斯勒在人为的乌克兰饥荒期间来到了灾区。当时由于所有粮食都被征收出口，有四百万到八百万农民活活饿死（确切数字不得而知）。尽管目睹了饿殍遍地，他对缺粮的报道却是文过饰非，写道只有极少数富农遭受了严重损失。有时候，他的冷酷无情更多针对的是个人。他在苏联代表共产党四处活动时曾与一名迷人的年轻女郎有过一段风流韵事，在发现她是一个旧上流社会中“举足轻重的人”后，他向秘密警察告了密。他后来会因为背叛了那个女人而懊悔不已，但是当时他对个人的命运漠不关心——即使是他自己。

卢巴雪夫一生致力于历史规律研究，最终也成了历史的受害者之一。库斯勒也把一部分生命献身于一种规律，结果却发现了超越时代的规律。他似乎永远都不能接受混乱的结局。他认为世界应该是理性的，即使它的逻辑性还不能被人类理性所掌控。

库斯勒着迷于寻求整体解决方案，人们很容易得出结论：如果他致力于逐步改良，情况反而可能会更好。然而这个指控是生活舒适安逸的自由主义者们提出的，只是表明了他们没有理解库斯勒当时不懈与之斗争的处境。自由主义的人类学家认为，人类已经发展到了一个比较好的阶段，人类数量在缓慢地逐渐增加：尽管乌托邦的愿景可能无法实现，渐进式改进总是可能的。这种观点——有时人们称为世界改良论——与任何一种乌托邦都不一样。然而，在两次世界大战之间的欧洲，渐进改良才是真正的乌托邦。

世界会逐渐陷入混乱，这种感觉造就了库斯勒那一代人。库斯勒 1905 年出生于一个富足、有教养的犹太家庭，他经历过欧洲资产阶级文明的崩溃。他把自己塑造为资产阶级的死敌——作为一名共产主义者，他确实是的。而在另一个层面，他转向共产主义是为了以一种可持续的方式重新过资产阶级的生活。身处混乱不堪的两次世界大战之间的欧洲，库斯勒试图用革命转折的神话来替代逐渐进步的空想。但没过多久，他就意识到这不过是镜花水月。

在《人渣》(*Scum of the Earth*)(1941)中，库斯勒描述了他在西班牙被释放后是怎样返回法国的。战争爆发后，他被拘禁在一个集中营，随后又被释放。他与文学评论家瓦尔特·本雅明(Walter Benjamin)见过最后一面，本雅明把自己的一半吗啡片给了库斯勒，留着被纳粹抓住时自杀用。本雅明逃到了法国和西班牙的交界处，在那里用吗啡片结束了自己的生命。库斯勒曾好几次认真地考虑过自杀，一度吞下了本雅明给的一些吗啡片，库斯勒之所以没死成，一部分是运气，一部分靠自己的头脑。他参加了外籍军团，然后经由北非和里斯本离开法国，并于1940年11月6日乘飞机抵达英国。

《人渣》真实地描绘了德占时期法国社会的分崩离析，同时也是作者的自我反思之作。直到那时，库斯勒才放弃一直引导着他的信仰，近距离地观察了法国的崩溃。在他曾经的想象中，人类是渴望自由的。如今他逐渐认识到，人类的非理性无可救药：“也许希特勒的天才不是煽动，也不是撒谎，而是对于民众采取的彻底无理性的方式，对于前逻辑的图腾崇拜心态的呼唤。”

为了找到一个隐喻来充分体现法国的分崩离析，库斯勒转向昆虫世界。他写道，当他听到消息说，之前在色当阻挡德军前进的英法军队已经撤退时，他正在读比利时作家莫里斯·梅特林克（Maurice Maeterlinck）的一本研究白蚁的书《白蚁的生活》（*Life of the Termites*）（1926）。梅特林克写道：

> 这些毁灭都是由没有灵魂的生物完成的。这些视力低下的昆虫拥有不知不觉便将工作完成的天才。这些工作是在万籁俱寂的掩护下完成的，只有警觉的耳朵才可以觉察到深夜里成千上万的嘴巴一点点轻轻咬食的噪音，它吞噬着房子的骨架，让房屋一点点坍塌……五六天后，农民回到了屋子里，一切看起来都和以前一样，没有一点变化。他坐到一把椅子上，椅子倒了。他赶紧抓住桌子来保持平衡，结果桌子一压就成了碎片。他斜靠着房屋中间的承重梁柱，柱子歪了，然后房顶也倒在一阵尘土之中。

库斯勒经历的法国的崩溃与这位农民回到他的房子后所经历的如出一辙。“此时，我们身下的椅子垮了。我们能做的，不过是在倒掉的房子里彷徨地四处游走，一切想要抓住的东西，一碰便成了一捧尘土。”

库斯勒抓住了自由社会里向善论者拒绝面对的事实：渐进往往是不可能的。当渐进的幻想被一系列事件所击碎后，库斯勒——与他那一代的许多人——逐渐开始认识到，大灾难是人类进步的一个必然部分。饥荒和内战、大屠杀和野蛮的独裁都是通往比过去更好的世界的必经阶段。

作为信仰暂居之所，它还是有一些好处的。这样，两次世界大战之间欧洲的大乱就可以被视为通往大治的必要阶段。库斯勒很快看到，体现了这一信念的宏伟计划——苏联的试验——只是另一场灾难罢了。为了将新皮肤缝到他们血淋淋的身体上，上百万人被活活剥皮。大部分试验对象死了，而在旧的躯体上缝上新皮的人也是浑身伤疤。但是，当他还在为苏维埃事业服务时，库斯勒可没有安稳地躺在鼓吹理性进步的崇高自由主义理想上睡大觉，他在行动，基于对当时欧洲局势的客观评估行动着。

欧洲终究没有完全落入纳粹的魔爪，但库斯勒没有回到之前的崇尚渐进的自由主义信仰。相反，他从政治中抽身而退。在晚年生活中，他致力于超常心理和生物学的异化趋势研究，希望能够科学地解释自己的狱中见闻。但是他没能找到他要找的东西。他遭受白血病和帕金森病的双重折磨，在 1983 年和妻子双双自杀。

库斯勒的游记中有不少神秘主义和超心理学的元素，因而很容易被斥为异想天开，最多可以说是有趣的遐思。然而，它们并不比认为人类正在逐渐改进、进入更高文明阶段的观点更异想天开。

皇帝的陵寝

作家斯蒂芬·茨威格（*Stefan Zweig*）在他的自传《昨日的世界》(*The World of Yesterday*)(1942) 中，把生养他的哈布斯堡帝国描写为一个“安稳的世界”：

> 在我们这个延绵千年的奥地利君主国中，一切似乎都是永恒的，而国家本身正是这种稳

> 定性的最大保障……我国流通的货币，奥地利克朗，是闪亮的小金片，不会腐朽，不会变质。每个人都知道他拥有什么，有权获得什么，能做什么，又不能做什么……在这个大帝国中，一切都坚实地矗立在安排好的位置上，毫不动摇。帝国的顶点就是我们的老皇帝。他驾崩后，人们也知道（或者说相信）会有一位新君践祚，一切都会在精准确定的秩序中运行，不会有任何变化。没有人会想到战争、革命或叛乱。那都是极端行为，都是暴力，在一个理性的时代看起来是不可能的。

哈布斯堡王朝幅员辽阔，实际上摇摇欲坠，并不稳定，茨威格的观点显然忽略了这一点。即便如此，茨威格描述的世界确实存在——直到第一次世界大战，这个世界才宣告终结。在欧洲的大片土地上，无产者组成的军队为国家的权势作战，很快演变为一场生死搏斗。美国总统伍德罗·威尔逊（Woodrow Wilson）在凡尔赛和会上大力鼓吹民族自决，终结了哈布斯堡帝国的秩序。在他的推波助澜下，欧洲成了各族群争斗的修罗场。战后欧洲经济板荡，先是通货膨胀，然后是通货紧缩，最后发展到恶性通货膨胀。中产阶级遭到了毁灭，工人也面临大规模失业。由于共产主义者和法西斯主义者的运动排斥民主，一些温和党派又无力守住中央立场，政治分裂成了诸多极端主义运动。

旧秩序已经崩溃，然而并没有新秩序来替代。不仅社会和族群的利益和目标处于冲突之中，理想和价值观也都不可调和地对立起来。在这种形势下，渐进只是另一个乌托邦梦想。文明的进步只有历史的间隙插曲中才有可能。

在 1938 年出版的中篇小说《皇帝的陵寝》（*The Emperor's Tomb*）里，作家约瑟夫·罗特（Joseph Roth）描绘了 1914 年夏天的一个火车站。他捕捉到了人生中仅剩的不多“插曲时刻”中的一个：

> 火车站很小……在古老的奥匈帝国，所有小乡镇上的小火车站看起来都一样。小小的车站刷成了黄色，它们就像懒猫，冬天躺在雪地里，在夏天则受着站台上方玻璃顶棚的

荫蔽，以及黄底黑色双头鹰（奥匈帝国的国徽）的看护。车站服务员哪里都一样，不管是在斯普里耶，还是在茨罗托格罗德，他大腹便便的身体塞在看起来很平和的深蓝色制服里，胸前的黑色带子上紧紧系着他的铃铛，三声响亮的长铃就是火车离站。斯普里耶是这样，茨罗托格罗德也是这样。在站台上，站长办公室上方挂着一个奇妙的黑铁装置，从里面神奇地响起了清脆的电话铃声，这来自另一个世界的微笑又迷人的信号让人不禁惊讶，为何他们要躲在这个不苟言笑的小地方避难。在茨罗托格罗德火车站，和在斯普里耶一样，列车员会向进站和出站的列车敬礼，敬的礼是军礼的一种。

那个世界随着第一次世界大战及其余波而终结了。触发这场灾难的是一次本来不应该成功的暗杀。塞尔维亚民族主义者加夫里洛·普林西普（Gavrilo Princip）是一个黑帮的成员。1914 年 6 月 28 日，他在萨拉热窝枪杀了弗朗兹·斐迪南（Franz

Ferdinand）大公。本来他们企图在那天早上十点炸死大公。他们失败了，弗朗兹·斐迪南对此一笑置之，车队继续前行送他去参加官方会谈。会谈结束后，弗朗兹·斐迪南返回座车，然后与车队的其他车一起离开。但是司机转错了弯，汽车意外停下，而普利西普在炸弹袭击失败后正好去了一家附近的熟食店，于是他近距离射杀了大公。如果当时司机没有转那个弯，如果发动机没有熄火，如果普利西普没有去那个熟食店，刺杀就不会发生。之后的一切都随着这次暗杀而来。

从三十年代欧洲的视角回望哈布斯堡王朝，罗特的回忆显然是过分美化了。但有一点是真实的，那就是在他缅怀的那个世界中，并没有继之而起的那个世界中表现出的人性最恶的一面。哈布斯堡帝国不是一个现代国家，甚至在它最后一个皇帝弗朗茨·约瑟夫（Franz Joseph）统治下的六十多年里也没有接受现代技术的最新进步，比如火车和电报。在更现代化的国家追求更美好世界的过程中，一些更古老的邪恶死灰复燃了。然而，在弗朗茨·约瑟夫摇摇欲坠的统治下，这种邪恶在一定程度上被驯服了。玛利亚·特蕾莎（Maria Theresa）女皇在1776年废除了酷刑。偏执和憎恨依然存在——例如，19 世纪末的维也纳市长是一位恶毒的反犹分子。在哈布斯堡王朝体制下，民主的缺失依然是抵制排外群众运动的障碍，而正是这场排外运动横扫了欧洲中部。帝国的居民是臣民而非公民，这就剥夺了他们利用自治的理想来为仇恨正名的快感。只是通过民族自决的斗争，人们才终于相信，原来每一个人类都不得不从属于一个与其他群体对立的群体。

罗特在一个小故事《皇帝的半身像》（*The Emperor's Bust*）（1935）里对这个过程进行了分析。在二战爆发前几年，他这样写道：

> 所谓的“民族问题”在君主制国家开始变得尖锐起来。不管是真的想，还是只是假装，人人都开始站队，站到曾经共同生活在古老君主国下的众多人群中的一个或另一个一边。因为在十九世纪期间，人们发现每一个个体，如果他想成为一个完全彻底的中产阶级，都必须属于一个特定的种族或国家……那些在塔诺波尔、萨拉热窝、维也纳、布隆、布拉

> 格、切尔诺维茨、特罗保等地，从前一直都是奥地利人的那些人，现在也开始遵照“当时的秩序”，称自己为波兰、捷克、乌克兰、德国、罗马尼亚、斯洛文尼亚和克罗地亚“国家”的一部分。

随着哈布斯堡王朝的分崩离析，这些新形成的团体取代了王朝，开始在之后的土地与权势之争中占据了主导。正如罗特所预见的，帝国古老的机构被鲜血与土地的现代象征所替代。

罗特开始是一名改革派，对未来充满希冀，但最终却成了一个保守派，深情地回忆着弗朗茨·约瑟夫的帝国。他知道他的怀旧之情毫无用处，古老的君主政体不仅是被第一次世界大战摧毁的，更是被现代理想的力量所摧毁。任何一个相信进步的人怎么会接受一种依赖历史的权威呢？然而，一旦帝国的古老秩序荡然无存，接着发生的权力之战便是残酷野蛮、冷酷无情的。

随着国家的形成，“少数民族问题”就出现了。种族清洗——对少数民族的强制驱逐和迁移——是中欧和东欧民主建立过程的一个主要部分。进步的思想家们把这个过程看作走向全世界民族自决的一个阶段。罗特没有这种幻想。他知道，最终的结果只能是大规模的谋杀。1933 年，他在写给茨威格的信中警示道："我们正慢慢漂向一场大灾难……这将导致一次新的战争。我敢打赌我们注定失败。他们的残暴统治已经建立起来了。"

罗特逃离了他为自己和其他人预见的命运。他逃到了德国，在那里为自由派的《法兰克福报》写过稿子，后定居巴黎，写下了他最出色的小说、短片故事和新闻报道。1939 年，他在巴黎死于酒精性肝硬化。在他的葬礼上，坟墓边并排站着哈布斯堡帝国和共产党的代表，人们同时吟诵着犹太教和天主教的悼词。茨威格比他活得更长久一些，他在 1934 年离开了奥地利，先后居住在英国和美国，然后在 1941 年移居到巴西。一年之后，新加坡沦陷，由于害怕轴心国的胜利，他在刚刚写完《昨日的世界》并将手稿寄给出版商几天后，便与妻子一同自杀了。

二乘以二等于五

在乔治·奥威尔（George Orwell）的小说《1984》

里，主人公温斯顿·史密斯正在遭受折磨，审讯官奥布莱恩伸出四个手指头，要求史密斯如实告诉他，他有五根手指。奥布莱恩肯定不会满足于压力下强求的谎言。他想要史密斯看见五个手指。审讯过程漫长而又令人厌倦。

> 奥布莱恩温和地说："你学得真慢，温斯顿。"
>
> "我能怎么办？"温斯顿号啕大哭，"东西就在我眼前，我难道看不见？二乘二就得四嘛。"
>
> "温斯顿，二乘以二有时候是四，有时候是五，有时候是三，而有时候又全都是。你必须要更努力才行。成为正常人不是那么容易的。"

史密斯遭受了进一步的折磨——不过奥布莱恩解释说，这不是惩罚。在过去，审讯者强迫那些被他们折磨的人坦白；但是他们又不相信供词，说的人和听的人都不相信 。后来，被折磨的人被捧成了烈士，受人崇拜；施加折磨的人则被目为暴君，遭人唾骂。奥布莱恩告诉温斯顿，之后他们就改进了手段：

> 我们不犯那种错误。这里所有说出的供词都是真实的。我们让它们真实。首先我们不允许死人起来反对我们。你必须停止想象子孙后代会证明你的无辜，温斯顿，后代都不会听说过你这么个人。你会被从历史的长河中清理得干干净净。我们会把你变成气体，丢到平流层。你什么都不会剩下；登记册上没有你的名字，没有一个活人记得你。你在过去和未来都会被毁灭。你将从来就没存在过。

不论何时，只要让他看到五根手指，史密斯就必须看到五根手指；但是他必须是自愿地这么做的：奥布莱恩微笑道。“你是模式中的一个缺陷，温斯顿。你是一个必须抹掉的污点。我不是告诉过你，我们与过去的迫害者不同吗？我们不满足于消极的服从，哪怕是最可怜的屈服。当最后你向我们屈服时，那必须是出自于你本身的自由意志。”温斯顿在日记里写道，

“自由就是自由地说二乘以二等于四”。奥布莱恩的目的是让温斯顿接受二乘以二等于五。一旦温斯顿保证做到这一点，他就得救了。

自由就是能够说二乘以二等于四，这个观点在奥威尔《1984》出版之前的作品中就出现过。这部小说出版于1949年，但是奥威尔在1942年《西班牙战争回顾》一文中写道：

> 纳粹的理论里专门否认了“真理”这种东西的存在。例如，没有“科学”这种东西，只有“德国科学”、“犹太科学”等等。这种思路隐含的目的就是，在这个世界里，领袖——或者统治集团——不仅控制着未来还控制着过去。如果领袖说某某事件“从来没发生过”——那么，它就没发生过。如果他说二乘以二等于五——那么，二乘以二就是五。

有人认为奥威尔这句话源于纳粹党人赫尔曼·戈林，据说戈林曾公开说过，“如果元首想要，二乘以二就是五。”但是，另一个来源是奥威尔1938年6月在《新英语周刊》上评论过的一本书《乌托邦任务》(*Assignment in Utopia*)，作者是尤金·莱昂斯(Eugene Lyons)。在标题为“二加二等于五”的第二卷第十五章中，作者讲述了他20世纪30年代在苏联的经历：

> 工业化伴随着巨大的轰鸣和疯狂的战争呐喊前进着。建筑落成、工厂产量、新合作社和新国营农场的新闻将其他一切都挤下了新闻头条。同时警报也是频传：某条经济战线出现了问题、破坏活动猖獗、工程师和工厂经理突然被捕或枪毙。尽管如此，各地计划还是顺利完成，甚至超额完成。新的能量和激情——当然也有新的威胁——都在发挥着自己的影响……
>
> 乐观主义泛滥。每一个新的统计数字胜利都是对带来了这一胜利的高压政策正确性的证明。每一次挫败都刺激着同样政策的出台。全国各地到处张贴着不可思议的“四中有五”和“2+2=5”的标语，呼喊着“四年完成五年计划”的口号。

> 2+2=5 这个公式马上吸引了我的注意，深深嵌入了我的记忆中。我马上想起了两个词：胆大包天，荒谬可笑——苏维埃式的大胆，自相矛盾和悲剧性的荒谬，神秘的简单性，对逻辑的藐视，一切都凝聚在了 2+2=5 这个算式中：在莫斯科房屋前面的灯箱里，在广告牌上巨大的字母，它们都标示着计划的错误、夸张、违反常情的乐观；某种天真幼稚，刚愎自用，而又引人侧目的丰富想象……

莱昂斯早年生活困苦，赋予了他独特的现实感。这或许可以解释他为何不能接受这个神奇的“五年计划”四则算式。莱昂斯 1898 年出生于白俄罗斯，当时白俄罗斯还是俄罗斯帝国的一部分。莱昂斯在纽约的一个贫穷街区长大。一战期间加入美军之后，他参与了无政府主义活动，为无政府主义者萨科和范泽蒂辩护。这两人因为参加武装抢劫而被执行死刑，但是莱昂斯却坚信他们是无罪的，并成为美国共产党的坚定追随者。之后莱昂斯又进入了新闻界，开始为《工人日报》工作。在 1923-1927 年间，他为苏维埃新闻通讯社塔斯社工作，1928-1934 年间为美联社驻莫斯科的工作人员，在此期间他还受邀与斯大林进行了私人会晤。

到达莫斯科后，他成了苏维埃体制的坚定信仰者，参加了苏联审查部门发动的攻击威尔士新闻记者加雷斯·琼斯（Gareth Jones）的运动。加雷斯·琼斯是英国首相劳埃德·乔治（Lloyd George）的前私人秘书，他对乌克兰饥荒的报道让苏联当局相当难看。在《乌托邦任务》中他说，“联合报道组掩盖了饥荒，”从这里我们似乎看得出，莱昂斯参加那场运动的原因是很实际的。像其他的记者一样，他害怕如果不与苏联审查部门合作，他的护照就会被收回。若是这样，他对报社就没有价值了，会在大萧条最严重的时刻丢掉工作。莱昂斯和其他的记者团成员发表了一系列文章抨击琼斯，从而保住了自己的饭碗，而琼斯则被苏联驱逐到远东，1935 年被当地土匪杀害。有人认为幕后主使就是苏联安全部门。

在参加攻击琼斯的运动中，莱昂斯看清了苏联生活的现实，和这个威尔士记者看得一样清楚。旅苏西方记者写的书中，几乎没有人提到过任何当时司空见惯的场景：在火车站闹腾的野孩子、内战留下的上百万孤儿、流浪儿童被安保机构抓捕后人间蒸发、集体化农庄造成的新一代孤儿又大量涌现；农民自己也成群结队地涌向火车，“在乡下的铁路点，在看守监视下，他们像困惑的动物，神情茫然地望着天空。这些俯首帖耳，满身泥污，被劳作折磨得筋疲力尽的生物不可能是宣传海报上说的资本家富农。拿着左轮手枪的士兵领着农民穿过莫斯科的街道，这样的场景太常见，甚至人行道上的人群都懒得向他们瞥一眼。”

西方参观者不仅没有注意到农民在枪口威胁下被驱除出境，也没有人提到普通俄国人不得进入、用“瓦卢塔”结算的特种商店。在这些商店，拿得到“瓦卢塔”的人可以购买普通俄国人买不到的商品。“瓦卢塔”在这里指的是卖出黄金获得的兑换券或购物券，虽然标价仍然是用卢布价的。莱昂斯说，“瓦卢塔”具有非同一般的含义——“真正的价值”。它可以用于多种语境中：“瓦卢塔商店，瓦卢塔餐馆，瓦卢塔拘留，瓦卢塔拷问，瓦卢塔妓女：这个词的意义无穷无尽，这只是几个例子而已。”

莱昂斯描述了莫斯科的一家特种商店中售卖的奢

侈商品：

> 白面包的奇迹：柜台上摆着一堆松脆鲜亮的小面包……不是卢布商店里那种过了期、颜色灰暗的“白”面包，而是闪闪发光的，真正的白面包。在商店的另一端是珠宝柜。然而对于外国购买者来说，红宝石和钻石闪耀的光芒不及白面包的一半；珍贵的石头闪烁着冰冷的光芒，而白面包在饥饿的俄国人眼里就如同多棱镜一般光芒四射，魅力无穷。还有黄油、奶酪、纯正的伏尔加河鲑鱼，还有一片片新鲜滴血的肉。但是，白面包的风头盖过了这一切——既是一种实实在在的物质，又是欲望的象征符号。

手头有黄金的苏联人——“沙俄时期的金币、金勺子、吊饰盒、结婚戒指、旧的金制咬合板”——纷纷去店内的兑换专柜换成购物券。后来为了简化这一过程，又发行了一种特殊的抵值券。这种抵值券本身就是货币，价值为卢布的三十到六十倍。

对苏联人来说，来这种商店购物是有风险的，但是饥饿和绝望让他们没有其他选择。虽然当局宣布不许检查购物者身份，但是秘密警察依然按照商店传过来的信息逮捕了成千上万的人。尽管大多数人是合法地取得这些珍贵物品的，但是任何被怀疑拥有金子或其他贵重物品的人都要被例行讯问。讯问方法包括“汗蒸室”“虱子间”“传送带”“冷处理”等等。如果怀疑对象不说出一大批珍宝的下落，他们的孩子就会遭到拿问；如果他们再也没有值钱的东西了，这个过程就更漫长了。遭到讯问的往往是犹太人。人们认为他们有“瓦卢塔”因为他们不时会收到美国亲戚寄来的钱。

尽管许多西方记者早就知道“瓦卢塔”讯问，但没有一个人在发回的报道里提及。因为这种行为视同背叛，他们的职业生涯也会因此结束。更令人感到奇怪的是，竟然没有西方的游客注意到普通苏联人饥肠辘辘、担惊受怕的状况。

瓦卢塔讯问的原因之一是苏联出口创汇的下滑。三十年代中期，苏联像西方国家一样遭受了大萧条的重创。然而，像萧伯纳、阿斯托女士这些即使实话实说也会毫发无损的知名人士，访苏后写下的报告竟然也是热情洋溢地盛赞苏联的社会进步。返美后成为坚定反共主义者的莱昂斯是绝对的少数派。大多数从西方到苏联的朝圣者欣然接受了向他们展现的虚幻现实。他们对这种进步的幻象疯狂地着了迷，毫不困难地接受了二乘以二等于五的思想。

奥布莱恩告诉温斯顿，现实是人类的建构：

> 你相信现实是某种客观的、外部的东西，自己存在……当你自欺欺人地相信自己看到某样东西时，你想当然地假设每个人和你看到的都是一样的东西。但是我告诉你，温斯顿，现实不是外部的。现实存在于人类的思想之中，不在其他任何地方。不是在个体的思想中，个体思想会犯错，而且很快就会消亡：现实只存在于党的思想之中，这种集体思想是不朽的。党认定的就是真理，不管它是什么。

奥布莱恩没说党无视算术法则。他说党可以任意操纵算术法则。党随心所欲地重构世界，这样就会永掌大权。“党追求权力是为了权力本身”，他告诉温斯顿。“我们对其他一切都不感兴趣；我们只对权力感兴趣。我们感兴趣的不是财富、奢华、长寿、幸福：只有权力，纯粹的权力。”这个权力首先是超越人类的；但也是超越物质世界的。“我们对物质的控制是绝对的……没有我们不能做的事。隐身、反重力——任何事情……你必须摆脱十九世纪的自然法则观念。自然法则是我们创造的。”在奥布莱恩制造的世界里只有权力。“如果你想知道未来的样子，就想象一只靴子踩在人脸上，而且是永远如此。”

有趣的是，奥威尔对于“二乘以二得五”的解释与陀思妥耶夫斯基（Dostoevsky）恰好相反。在后者的作品中，算术法则被用来批判乌托邦思想。在《1984》里，正是公式“二加二等于五”废除了人类的自由。在《地下室手记》（*Notes from Underground*）里，“二乘以二等于四”被视为对自由的羁绊，被拒绝接受。地下之人反抗着理性主义的“水晶宫”。进步思想家们探索和遵循自然法则，相信人类能够借此建立一个没有暴政的世界。但是对于地下之人，正是被他称为“石头墙”的普遍法则——阻挡了通向自由之路：“上帝啊，不知为何，我不喜欢所有这一切法则，也讨厌二乘以二等于四这个事实。那么我还在乎自然之法和算术法则干什么？当然，如果我没有足够的力量，我是不会拿我的头去撞墙的，也不会只是因为面对着这样的石头墙和缺乏力量就让自己妥协。” 水晶宫实现人类自由的方式是遵循宇宙的法则，但这样它便毁灭了所有自由中最根本的一条：违逆这些法则行事的能力。

粉碎温斯顿反抗的计划，与针对陀思妥耶夫斯基笔下的地下人叛逆的计划恰好相反。奥布莱恩不像十九世纪的理性主义者那样宣布服从宇宙法则，他要求的是制定这些法则的权力。然而这两种计划都如童言呓语一般：思想的奇迹般的、无穷尽的力量。无论是用经典逻辑肯定，还是用浪漫意志否定，传达的意义都是一样的：人的思想是衡量现实的尺度。在二十世纪，这两个计划融为一体，难以区分。马克思和列宁的辩证逻辑宣称，人类进步是通过不断克服矛盾实现的。在现实中，它却孵出了莱昂斯所见到的算术奇迹。

与一代代西方进步派人士的想法相反，在运用马克思主义理论的过程中，莱昂斯所看到的社会现状的根源并非苏联的落后或错误。共产主义政体在东欧都差不多，都是一党专政模式的一种或另一种形式。在这里，共产主义从争取全人类自由的运动蜕变为全面专制的制度。这就是乌托邦逻辑。如果说《1984》是一部伟大的神话，一个原因就是它抓住了这个真相。

然而，奥威尔的故事里有一个缺陷，那就是他对全能讯问者的描绘。反乌托邦的永久权力是空想，奥布莱恩也是空想。苏联的讯问人员天天都是背冒冷汗、胆战心惊地过日子。与他们讯问的人一样，他们知道在为权力服务的过程中，自己也是会被榨干的资源。党内高层没有哪一个是安全的，随时都可能遭受无常世事的灭顶之灾。

在曾经的苏联，现实从没有被建构起来，而只是一时被否认罢了。在口号之下是真实存在的世界，在这个世界里，土壤和湖泊由于过快的工业化遭到污染，付出无数生命代价建成的项目毫无用处，每天就是为了求生而挣扎，与他人争斗。数百万人毫无意义地死掉了，还有数千万人过着支离破碎的生活，大多数人都没有留下一丝存在过的痕迹。但是在表面之下，强大的暗流正在涌动，很快就会冲刷掉那些迷惑西方朝圣者的虚假现实。苏联的反乌托邦最终只是历史垃圾堆中的另一块瓦砾罢了。

暴君能为你做些什么

德国自由派记者塞巴斯蒂安·哈夫纳（Sebastian Haffner）目睹了希特勒的崛起，直到1938年被迫和犹太未婚妻逃到伦敦。他认为，在没有被纳粹政权杀死或恐吓的人中间，它已经成功营造了一种集体幸福的状态。他在1979年写道：

> 对于大多数没有遭到种族或政治迫害的德国人来说，他们在第三帝国的生活既与希特勒上台前的德国不一样，也与现在的联邦德国不一样，与民主德国倒是差相仿佛。原因在于，到目前为止，他们中的大多数人都参加了家庭以外的社团或"集体"。不管明面上是否强制，这些组织实际上都必须参加……当然，第三帝国和民主德国里发言唱歌的内容当然都不一样。但是，热衷搞活动、说大话、行军野营、庆祝合唱、塑造榜样、体育锻炼、射击训练，还有社群里不可否认

地存在着的安全感、同志情和幸福感，这些都是别无二致。因为希特勒强迫人们进入这种幸福，无疑他是一个社会主义者——还是一个卓有成效的社会主义者。

那真的是幸福吗？或者说这种强迫让人们感到不幸福吗？民主德国的居民经常想着法逃避这种强加于他们的幸福；但当他们来到联邦德国时，又会抱怨生活孤独，这正是个人自由的另一面。这与第三帝国的情形大致类似。裹挟于社会中的人，与作为个体生存的人，到底哪一个更幸福呢？暂且按下不表吧。

哈夫纳在他德国生活的回忆录《反抗希特勒》（*Defying Hitler*）中回答了自己提出的问题。这本回忆录是哈夫纳在1939年被驱逐出德国、抵达英国后开始动笔的。哈夫纳以91岁高龄去世。直到三年后，也就是2002年，这本回忆录才在他儿子的动议下出版。

在纳粹统治下，许多德国人感觉很幸福："据说德国人是被压服的。这只说对了一半。他们还经受着其他更糟糕的东西。我一时找不到合适的词去描述这种状态，就用‘被同志’吧。这是一种危险可怕的境地。他们在一个梦幻的世界中，过着麻木的生活。他们极其快乐，但又极其自贬；如此自鸣得意，而又令人无比厌恶；骄傲自负但又如此可鄙，毫无人性。他们以为自己在攀登高峰，而现实中他们却是在沼泽中爬行。”

哈夫纳在纳粹德国目睹的快乐与恐惧并存。但是对许多德国人来说，恐惧和快乐并不矛盾。哈夫纳写道：

> 欧洲历史上有两种形式的恐怖。第一种是在大规模起义中爆发的无法控制的嗜血。另一种就是战胜国为了展示权力和威慑而进行的冷酷的、有计划的暴行。一般来说，这两种形式分别对应于革命和压迫。第一种是革命。通过愤怒和狂热来证明自身的合法性，这是一种暂时的疯狂。第二种是压迫，它用之前的革命暴行来证明自身的合法性。

纳粹将这两种恐怖结合了起来，但它的行径无法通过任何一种方式来证明其合法性。

纳粹把这两种形式的恐怖融合为同一个体系，并利用这个体系创造了哈夫纳所描述的同志友谊。

不断制造出内部敌人维持着纳粹德国的集体团结。同性恋者、吉卜赛人和犹太人不仅像过去一样受歧视，更不断受到迫害，这正是纳粹政权创造的集体欢愉的必备要素。

作家维克多·克伦佩雷尔（Victor Klemperer）在日记里描述了自己和非犹太人的妻子在纳粹统治时期受到的迫害——包括在禁止犹太人养宠物时被抛弃的猫——有时候邻居和商店店主同情他们，会塞给他们一些食物和巧克力棒。所幸的是，大众团结永远不是铁板一块。然而，毫无疑问，加诸犹太人的痛苦是纳粹为其他人制造出的幸福的必要一环。为了让集体欢愉这碗稀粥美味可口，里面需要加上残酷这味猛料。

虽然纳粹党人在对自己有利时会使用投票手段，但纳粹本质上是一场暴动的运动。希特勒通过颠覆自由的魏玛共和国上台；民主被一步步蚕食，代之以独裁专政。保守派会坚持认为，反对暴政有着自己的一套动力机制，而革命者也可能真正热爱自由。但在他们为革命奋斗的过程中，大部分人都会被历史抹去。

推翻暴君后，人们可以自由地互相施加暴政，这期间往往会穿插着短暂的无政府混乱状态。很快对秩序的需求占据了优势。但是伴随新政权巩固而来的无情恐怖镇压也许与哈夫纳所说的革命杀戮没什么区别。两者都相当于集体精神错乱——在历史上，这是应对极端情况的常见反应。暴政解除了理智的负担，同时释放了原本被禁锢的憎恨暴力冲动。通过把这些冲动释放发泄在他们的臣民身上，暴政者赋予了人们作为个体不可能得到的快乐。

推翻法国旧政体、俄国沙皇、伊朗国王、伊拉克的萨达姆和埃及的穆巴拉克，这本来可以给许多人带来福利，但是并没有给人们带来更多的自由。大屠杀、打压少数民族、大规模的酷刑，这就是另一个暴政，往往比被推翻的更加残酷——这就是结果……如果你认为人类是热爱自由的，那么你就得接受这样一种观点：几乎全部人类历史都是一个错误。

鱼类哲学和自由主义者

在亚历山大·赫尔岑（Alexander Herzen）1847年和1851年间的随笔和对话集《彼岸之间》（*From*

the Other Shore）中，这位激进的俄国记者想象了一场人类自由的信奉者和怀疑者之间的对话，后者根据人类的行为而非他们所宣称的理想来评判人类。让信奉者吃惊的是，怀疑者引用了卢梭的格言，“人生而自由，却无往不在枷锁之中！”但是怀疑者这样做只是为了嘲讽卢梭这句令人振奋的宣言：“我在其中读到是对历史的歪曲和对事实的无视。我感到无法忍受。这种怪诞的想法让我很不舒服。另外，它对国家也是危险的，实际上，这种先验推理才是问题的关键。如果一个人悲伤地点着头，说道‘鱼生而是要飞的——但是处处都是游的！’你会对这个人说什么？”

接下来，怀疑者进一步阐释了坚信人类渴望自由的“鱼类哲学家”的论证：

> 首先他会向你指出，鱼的骨骼清楚地表明，它有把身体末端进化成腿和翅膀的倾向。然后他会给你看完全没有用的小骨头，说那是腿或者翅膀骨骼的迹象。然后他就会提到飞鱼，证明说实际上鱼类不仅渴望飞翔，在某些时候还真可以做到。回答完这些，他就

会有理由问你，为什么你们不要求卢梭给个理由，因为他说看见人总是戴着枷锁，却说人一定是自由的。为什么一切别的东西存在是因为它就应该存在，而对于人却是相反的？

怀疑者——就是赫尔岑自己的化身——的问题还有待回答。在十九世纪五十年代，赫尔岑出版了流亡异乡期间撰写的回忆录《我的过去和思想》（*My Past and Thoughts*）。这本书分为八个部分，赫尔岑在书中描述了现代人对一个幻想——“人性”——的追逐是怎样塑造了历史的进程：

历史借荒谬得以进步；人们时时立意幻想，并取得了非常真实的结果。在醒着的梦里，他们追逐过彩虹，找寻过天堂，寻找过人间乐土，在寻梦路上，他们不断地歌唱，用永恒的雕塑装饰他们的寺庙，建造了罗马雅典、巴黎伦敦。一个梦接着另一个梦；有时候睡得不那么深沉，但是梦从未离去。人们会接受一切，信仰一切，顺从一切，并准备为之付出沉痛的牺牲；但是在经过两种信仰之间的裂缝时，他们却惊恐地退缩了，裂缝让日光照了进来，给他们送来理性的凉风。

这只是再次肯定了怀疑者的判断。鱼类哲学为自己的物种抛头颅洒热血，是因为他们认为应该如此，而不是实际上那样或者它真正想要成为的那样。鱼类哲学逐渐出现了许多变体——有法国雅各宾、布尔什维克派，他们恐吓人类，以便让人类获得新生；新保守派，他们通过发动不间断的战争来确保民主；还有人权斗士，他们相信全世界人都渴望成为他们想象中自己的模样……

也许最了不起的鱼类哲学信奉者是卢梭自由主义思想的门徒们，他们认为人类的个性处处都受到压抑。这其中最著名的是《论自由》（*On Liberty*）（1859）的作者，文中他对鱼类哲学人生观做了富有创见的论述。赫尔岑这样总结约翰·斯图亚特·密尔（John Stuart Mill）的观点：

对人性，人类的品位和风格的不断堕落

退化，对人类兴趣的浅薄、活力的缺失感到惊骇万分；他清楚地看见一切都变得那么肤浅、平庸、卑劣、陈腐，可能更“可敬”，但是更庸俗……他对同辈人说：“停下！三思！你知道你在走向何方吗？看：你的灵魂正在慢慢消逝。”

但是为什么他试图唤醒沉睡者？哪条路，哪个出口，他都为他们设计好了吗？……他说，现代的欧洲人，活在无益的动荡之中，无意义的改变之中：“在避免特立独行时，我们并没有消灭改变，只要每个人都在做着一点改变。我们丢掉了父辈们的个性和着装方式，准备一年把衣服式样改变两三次，但是只有每人都这样改变才行；这样做不是为了好看或者方便，而是为了改变而改变！”……所以我们恢复原状又面临着同样的问题。那么我们用什么来唤醒沉睡者呢？说他们的个性优柔寡断，过于关注鸡毛蒜皮的小事，对拥有铁路、电报、报纸、廉价商品的现实生活不满？

鱼类哲学的信奉者们有一种臆想，认为人类想要一种他们可以为自己做选择的生活。但是要是仅仅一种彼此追随的生活就能使他们满足怎么办？大多数追赶潮流的人缺乏真正作为个体存在的潜能，他们可能会按照这个隐秘的意识亦步亦趋。

自由主义——一种鱼类哲学的变体——告诉我们，每个人都渴望自由。经历了1848年欧洲革命流产的赫尔岑对这一点是怀疑的。正是这一幻灭让他对密尔的批评如此尖刻。但是，如果密尔认为每个人都热爱自由的观点真的是虚妄，那么即使这种虚妄不存在，世界上的自由也不会更多。自由生活方式的魅力就在于，它能使大多数人在不知不觉中放弃他们的自由。自由主义的文明建立在梦想之上，让大多数人在海底潜游时能想想自己是一条飞鱼。

纸做的衣服，豪华钢琴和十亿片草叶

“就在第一次世界大战开战前的1913年，德国马克、英国先令、法国法郎、意大利里拉的币值相差不大，与美元的汇率都是4到5比1。在1923年底，1先令、1法郎或1里拉最多能换成上十万亿马克，虽然实际上没有人会用任何东西去换马克。马克死了，价值是它以前的一百万分之一。马克之死花了十年。”

如历史学家亚当·弗格森（Adam Fergusson）在他的著作《货币之死：魏玛的恶性通胀梦魇》（*When Money Dies: The Nightmare of the Weimar Hyper-Inflation*）（1975,2010）描述的那样，货币死亡带来的变化会产生一种会传染的狂态。我们可以在弗格森笔下的一位中年寡妇身上看到这种震撼，她到了银行，被告知她的终身积蓄已经蒸发了四分之三。在对银行家的抗议中，她反驳说：“是的，但是我的钱是政府有价债券。不可能有比这更安全的了。”银行家回答说：“向你担保这些证券的国家在哪儿？它已经死了。”

寡妇在她的日记中写道，食物比1913年贵了一百到两百倍。尽管正装价格没有贵那么多，但纸做的衣服已开始在卖了。靠着丈夫留下的雪茄，她才能换来些食物。其他人通过卖掉他们的东西来维持生存——十字架的金链一天卖一段，一块煤换一件衬衫，一件衬衫换一袋土豆。不是所有人都那么幸运。寡妇描述怎样“一天天，一次次，上层社会的老年退休官员饿倒在维也纳街头”。他们大多数只是晕了过去。“实际上，人们死亡的不仅是身体”，而是他们低价出清了中产阶级的生活支柱，一件接一件——绘画、地毯、瓷器、银勺子——直到一无所有。甚至到那个时候，他们还在想办法试图挣扎着继续活下去。

像在那不勒斯一样，多数幸存下来的人忍受着过去的“道德人”形象被摧毁的痛苦。遵循从前的道德标准只能走向毁灭。因为农民拒绝拿粮食交换毫无用处的纸币，抢劫就成了粮食的唯一来源。寡妇的女儿记下了这样的经历：在去林兹教堂的路上，她偶然遇见了“各种各样奇怪的人”。一个男人戴着三顶帽子，一个摞一个，其他人正拉着马车，上面堆满了罐头食品，而还有一些人正把破烂的衣服脱下换上新衣服。当女儿到了林兹，这个地方“看起来就像刚刚经历了一场地震”。商店被洗劫一空之后砸掉，马匹和马车被偷走了，猪要么被屠宰，要么受伤了没有人管，奶牛宰杀后肉被从骨头上生生撕了下来。货币没有了价值，人们利用着他们能找到的任何东西。

无处不在的非现实感是那个时代的特点。难以想象的数字侵入了每个人的生活。当时担任外交部长的是德国犹太实业家瓦特·拉特瑙（Walter Rathenau），负责处理一战后德国对协约国的赔款。他写道，政客和金融家们坐在办公室里，“写下了几个零，九个零就是十亿。嘴巴一张说个十亿容易又轻巧，但是没人能想象十亿。十亿是什么概念？一片树林有十亿树叶吗？草地上有十亿片草叶吗？天晓得？”拉特瑙所说的精神错乱状态吞噬了他。1922年六月的一个晚上，他在开车回家的路上遭到伏击，杀手近距离射杀他之后又用炸弹炸毁了汽车。

用那个时代的术语来讲，十亿就是一千个百万，十亿就是一百万个百万，十万亿就是一千个十亿。到1923年十月，英国大使注意到，小于一百万马克的钞票不再在市面上流通了，甚至乞丐也不会接受比这小的钞票。10月21日，八十亿马克兑换一英镑。10月26日那天，一群暴徒包围了中央银行，要求发行十亿马克的钞票。到了11月1日，面值五十万亿和一百万亿的钞票已经在准备发行流通。

为了逃避这些不可思议的数字，大众疯狂地投入到投机倒把中。人们如饥似渴地追求任何一种有形财富。对音乐一窍不通的人家里，豪华大钢琴变成了最有价值的财产。但是参与到这场闹剧中的人很少有人成功保住自己的财富。货币数量大到了不可计量的程度，但是几乎每个人都穷困潦倒。许多钢琴可能最终都沦为了炉中木柴。

金融炼金术士

大约在上世纪末，一种新的政治经济体系建立起来了。在此之前，资本家能认识到债务的危险。银行的贷款量是有限的，这样经济就不会过分建立在借贷的基础上。而在新的资本主义形式下，人们认为债务可以创造财富：只要借足够多的钱给足够多的人，不久大家就都会富起来了。

实体财富是物质的，究其本质是有限的——由那些可以消耗完，或者生锈腐烂的东西构成，会被时间吞噬掉。债务则有着无穷的潜力，可以自我支持，不断增殖，直到永远都偿还不清。这种由新型资本主义创造的非物质财富也有着无穷的潜力。发放借贷者永远不可能靠自身收入还清的次级抵押贷款的做法被称作“掠夺式贷款”。从一种观点看，这是正确的。除非房价持续走高，否则借贷人一定会违约。只有银行雇员必然会获利——他们在发放知道永远还不清的贷款时也会拿到佣金。

从另一种观点看，这种做法是一种炼金术。把钱借给借不起钱的人是一种无中生财的伎俩。即使工业转移到海外，工人技能水平下降，经济依然会继续增长。我们不必再像之前通过破坏地球来获取财富了。通过一个没有人能够说得清的过程，财富就奇迹般地生成了。以往的炼金术士们试图把贱金属变成黄金。所有人都知道这是妄图绕开自然法则的魔术。二十一世纪得到公认的经济学法则却看不到这一点。他们的尝试几乎无一例外地以闹剧和灾难告终，他们只有相觑无言的份。

在二十世纪最后几十年里，肇始于美国的建立在债务基础上的通胀资本主义总是短命的。收入不变或者下降的家庭不可能还清呈螺旋式上升的债务。在2007年金融危机爆发的时候，大多数美国人的收入已经停滞不前三十多年了。在信贷激增的遮盖下，大多数人正变得日益穷困。这时，美国的新政治经济体制出现了。在这一体制下，囚犯占人口的比例比其他任何国家都高，许多人长期失业，许多劳动力转为临时工，一大批人靠贩毒、卖淫、在车库里卖旧货这些影子经济为生……后现代的种植园奴隶经济在每个街角都可以看到。

按照某些历史学家的说法，美国在二十一世纪初期的不平等程度要胜过二世纪时的奴隶制罗马帝国。当然，二者还是有不同之处的。当代的美国也许没有罗马帝国稳定。人们很难明白，在一个掏空了的经济体中，越来越少的劳动力是如何撑起一小撮人极不稳定的纸面财富的。这种美国资本主义的痼疾，可能不过是债务奴隶制下固有的利润下降现象罢了。

大规模贫困的影响不只是使这种新型资本主义难以为继。在美国，人们比其他地方更相信每个人的生活都是不断改善的，这一直是美国精神的一部分。这个“故事”是与新常态经济史脱节的，没有任何意义。当生活的意义被投射到了未来，当人们不能再想象未来时，人们该怎样生活？随着民粹煽动者许诺要回到一个神话般的过去，茶党的崛起表明人们正试图退回到某种精神错乱状态中。

在欧洲，类似的趋势也在形成。工人阶级正变得无工可做，而中产阶级正在变成新的无产阶级。这种繁荣的最终结果就是积蓄蒸发，行业毁灭。经济紧缩导致城市经济退回到乡村经济，再退回到物物交换——这恰恰是经济发展的反过程。用一种带讽刺意味的预言来说，实现现代化的决心正迫使人们回归到一种更原始的生命形式。

随着经济危机的持续发酵，积极抗争已经取代了初期的被动忍受。尽管如此，许多人还梦想着恢复几年前那种似乎不可阻挡的前进步伐。经济高速增长时期的一个特点，就是人们坚信进步永无止境；现在，既然高速增长已经结束，回归到那个年代就成了普遍存在的迫切诉求。然而，人们并没有接受真正的财富是有限的这一事实。最有可能发生的情况就是，人们设法恢复了增长，直到石油、水和其他自然资源的缺乏让这一切都化为泡影。

把二十一世纪早期与二十世纪三十年代相比较，两者确实有些共同之处。两个都有这样的特点：全球性的错位与地缘政治的转移——两次世界大战之间的间歇期从欧洲转移到美国，现在则是从东方转移到西方。这两种情况下，我们都可以预知到欧洲会陷入两败俱伤的冲突。现在没有大战间歇期肆虐欧洲的那种大规模群众运动，不管是法西斯、纳粹还是共产主义。民主在任何欧洲国家也不可能被三十年代风靡欧洲大陆各地的独裁政权所替代。但是仇外的力量再次出现。欧洲精英决意维护运转不良的单一货币，引发了经济混乱。于是，二十一世纪的战争间歇期的政局正在酝酿当中。与二十世纪三十年代一样，移民、吉普赛人、同性恋者、犹太人等少数人群正被当成了替罪羊。

在更根本的层面上，现今的危机与二十世纪三十年代不无类似之处：不可能被人类的集体行为战胜。从长远来看，人类的一切问题都是可以解决的，这是进步信仰的一部分。马克思在《政治经济学批判》(1859)中宣称“人类只赋予自己能够解决的问题”。马克思认为资本主义含有自毁的可能性是正确的，但是他错误地认为，资本主义之后会有一种更持久的生产模式。财富能够在许多类型的经济体制里创造出来，但是永远不会长久。人类这种动物会耗尽它生产出来的东西，然后继续向前。

经济体制的兴衰是历史发展的正常进程。如今，一种形式的资本主义正在衰退，其他的形式——在中国、印度、俄国、巴西和非洲——则在前进。资本主义没有完结。与以往许多次一样，它正在经历一场变形。在一个世界人口数量不断上升的时代，新旧资本主义如何解决对地球资源冲突的要求，让我们拭目以待。

最严重的问题依然还没有解决。让美国乃至整个世界从大萧条中恢复过来的，主要是罗斯福总统在两次大战之间发起的民众动员。同样地，如今世界面临的问题是任何决策都解决不了的。相反，将有一个场景的转换，一个无人能预见或控制的全球形势转折，将现在面临的棘手困难一举抛在身后。

人文主义和飞碟

如果对人类理性的信仰是一种科学理论，那这种理论早就被抛弃了。社会心理学经典著作《当预言失败时》（*When Prophecy Fails*）（1956）中就提出了一个明显的反例。这是一部研究二十世纪五十年代初 UFO 狂热的著作，由发展出认知失调理论的心理学家利昂·费斯汀格（Leon Festinger）领导的团队撰写。书中叙述了一名密歇根州妇女，她声称，自己接收到了来自外星智慧生命的信息，并在无意识中将它写了下来。这是一则世界末日信息，说在 1954 年 12 月 21 日凌晨，一场大洪水会将地球淹没。这个女人和她的追随者们离开了家园，放弃了工作和同伴，放弃了他们的财产，准备迎接飞碟的到来，把他们从劫数难逃的地球上拯救出来。

对于费斯汀格和他的同事来说，这是一个检验认知失调理论的绝好机会。按照这一理论，人们面对互相冲突的信念和认知时，不会通过将它们与事实相比对来解决，而是会重新阐释对他们执着的信念提出挑战的事实，以此缓解冲突。如 T.S. 艾略特（T.S.Eliot）在《烧毁的诺顿》（*Burt Norton*）中所说，人类不能忍受太多现实。

为了检验这个理论，心理学家们加入了这伙狂热信徒，以便观察他们在大灾难没有发生时的反应。正如理论所预测的那样，狂热信徒们拒绝接受他们的信念体系出了错的事实。相反，他们解释说，世界末日没有到来，证明他们整夜的等待和祈祷成功地阻止了它的到来。他们的预测没有成功这一事实反而让他们更加坚定了自己的信念，更加狂热地向他人传教。

费斯汀格在总结这个过程时写道：

> 假设一个人全身心地相信某个事物，以及他为这一信念下了投名状，采取了不可挽回的行动；最终，假定他看到了证据，明确而又无可争辩的证据证明他的信念是错的，那会怎样？他往往不仅不会动摇，而且会比之前更加确信自身信念的正确性。事实上，他可能会更加狂热地向他人宣教和传教。

为了维护一种世界观而否认现实，这种做法不只限于狂热信徒。认知失调是人类的正常状况。弥赛亚运动（Messianic Movements）以纯粹的形式体现了这种不协调。这个运动的追随者一直生活在对救世主到来的期待之中。如费斯汀格所写，“自从耶稣受难，许多基督徒都期待着耶稣的再次降临，预言耶稣再临日期的运动从来没有消失……（弥赛亚的信徒们）都是坚定的追随者；他们奉献出了生命中的一切……基督再临没有发生。然而我们注意到，运动并没有停止，预言的失败赋予了运动新的生命。”预言世界末日的活动未必完全是宗教的。文学批评家弗兰克·克默德

（Frank Kermode）在引用费斯汀格的著作时说：“对我们来说，虽然世界末日可能失去了它原有的幼稚的危机感，但是末日的阴影依然存在于我们杜撰出来的危机上。”

许多激进运动都有着天启的阴影。从雅各宾派到布尔什维克等等，无不为天启神话着魔疯狂，它以世俗的形式重现，激起了看上去截然不同的种种运动，比如托洛茨基主义和二十世纪后半叶的美国新保守主义运动。苏维埃俄国的无产者，纳粹德国的超人，还有富豪盛会达沃斯上人们翘首期盼的集生产与消费于一体的全球化人类——这些人类活动的任何版本都会在历史上留下新的篇章。令人高兴的是，世界末日没有到来，所有这些幻象也都没有成真。

如果说人类这种动物有什么特殊的话，那就是它尽管长期以来都不能从经验中学习，但却能够越来越快地扩展知识。科学与技术的进步是逐步增加的，而伦理与政治的进步却总是在打转转。不论它们叫什么，酷刑也好，奴隶制也罢，都是普世的恶；但是这些恶不能像科学上冗余的理论一样成为过往。它们化身为不同的名字重新出现：酷刑重现为更强大的审讯技巧，奴隶制变成了贩卖人口。任何普世性的恶的减少都是文明的一大进步。但是与科学知识不同的是，对文明生活的限制不可能储存在电脑磁盘里。它们是行为的习惯，一旦打破就很难修补。文明是人类的自然属性，但野蛮同样也是。

科学和历史证据都证明，人类的理性是不完全的，间歇性的；但是，现代人文主义者却认为解决之道十分简单：人类在未来一定会变得更理性。这些狂热的理性主义者们没有注意到，坚持人类可能在某一天变得更理性这种观念，比任何宗教都需要“信仰之跃”。既然都要求打破万物的秩序，既然它在事情发展的顺序上要求奇迹般的突破，那么认为耶稣死而复生与认为未来人类将与现在不同其实也没多大差别。

用最通俗的话讲，人文主义就是认为人类这种动物在世界上有着某种独特的价值。古希腊哲学家们认为，人具有其他动物所没有的独特理性能力，其中一些哲学家——尤其是苏格拉底，至少按照柏拉图的说法是这样——认为，人类可以通过理性接触到精神的王国。人文主义一个与之相关的方面，就是认为人类心智反映了宇宙的秩序。苏格拉底所相信的精神王国是由永恒的理念，也就是人类的概念对应的存在物构成的。人文主义的第三个方面是认为历史就是人类进步的故事，而且随着时间的推移，理性会逐渐增进。这是现代独有的观念，在古代先贤中是无处寻踪的。

并非每一个人文主义者都接受这些观点。十六世纪的散文家米歇尔·德·蒙田（Michel de Montaigne）一直被人们看作人文主义者，因为他专注于古典学问和自我修养。但是蒙田嘲弄那种认为人优越于其他动物的信仰，驳斥了人类心智反映着世界的说法，对理性改善人类生活的观点也不屑一顾。在他身上看不到任何表明他相信现代人文主义的一大塑造因素——进步——的痕迹。作为一名卓越的怀疑论者，蒙田对各种信仰的心态很开放。但是，在他的神秘主义作品中，丝毫没有体现作为苏格拉底、柏拉图作品根基的人类特殊论。

当今的人文主义者宣称自己彻底地秉承世俗主义，藐视神秘主义和各种宗教。但是，如果抛开一切超越存在的视角，人类的独特地位就很难加以辩护，甚至于无法理解。根据严格的自然主义观点——即世界只是它之所是，而与造物主或精神世界无关——那么一个以人类为顶点的价值序列是根本不存在的。存在的只有有着各自需求的、各种各样的动物而已。人类的独特性只是从宗教继承的神话，人文主义者只是把它回收进了科学而已。

人文主义者对神话的敌意告诉我们，如果说人类有什么独有的东西的话，那就是编造神话了。在某种程度上，每一个人类文化的活力都是由神话激起的，而类似的事情在其他任何动物中都没有发生。人文主义者们着迷于神话，虽然使他们着迷的神话并没有他们鄙视的神话所具有的美感与智慧。在苏格拉底和柏拉图看来，人类能够运用他们的思想把自己提升于自然世界之外这个观点，只不过是神秘思想的一部分，现在则换上了一套进化论的语言，不仅换汤不换药，而且不免有断章取义之嫌。

在现代思想的潮流中，社会进化论的痕迹无处不在。赫伯特 · 斯宾塞（Herbert Spencer）后来被称为社会达尔文主义在维多利亚时代的先知。在他的作品中包含着对这些理论的最清晰表述。斯宾塞相信人类历史本身是一个进化的过程，他宣称这个过程的终点就是自由资本主义。他的门徒西德尼 · 韦伯（Sidney

Webb）和比阿特丽克斯·韦伯（Beatrice Webb），英国费边社的早期成员和苏联的仰慕者，则相信社会发展的顶点必将是共产主义。为了公允一些，后来的理论家们把终点命名为“民主资本主义”。不难预见，所有这些迄今都没有实现。

自然选择最重要的特点就是它是一个漂移的过程。进化是没有终点或方向的，因此如果社会发展是一个进化过程，那它就是一个没有结果的过程。后来的理论家们为进化指定的终点是没有科学依据的。唯一不变的是，这些流俗的进步观念只不过是达尔文理论的翻版罢了。

经过后来科学家们的完善，达尔文主义理论假设自然选择是由随机的基因突变导致的。相比之下，还没有人能够提出社会进化的选择单位或运行机制。以进化的观点来看，人类的头脑并非内在地偏爱事实或理性，而将按照生存的需要继续发展。社会进化会带来人类理性日益增进的理论一如既往地毫无根基，就像斯宾塞用这些理论来兜售自由资本主义，而韦伯夫妇用它们来支持共产主义一样。二十一世纪信仰进步的人们重振了这些早已被破除的理论，他们无意识之中向人们证明，伦理和政治上的进步只是个幻景。

对人文主义者来说，否认人类没有神话依然可以生存只是悲观主义的一种形式。他们想当然地认为，如果人类逐渐变得像他们头脑中理性的虚构那样，那就会是一种进步。我们暂且把“理性的生活必定没有神话”这个假设放在一边，当然，这个假设本身就很成问题。理性与否，生活没有神话就如同没有艺术和性一样——缺乏情趣而又没有人性。现实虽然恐怖，我们还是更偏向于它。幸运的是，我们不需要做这样的决定，因为人文主义者预想的理性生活只是空中楼阁。

如果要选的话，那也只是在多种神话之间做出选择。与创世神话相比，人类正向自由进发这个世俗神话也只不过是迷信。正如创世故事教导我们的那样，知识并不能实现自我救赎。如果说我们的知识比以前多了，那也只是意味着我们实践幻想的范围比以前更大了。但是——创世神话也教导我们——我们没有办法摆脱掉我们已知的东西。如果我们试图重拾纯真的状态，结局只能是更坏的幻想。创世给我们的启示就是，在人类生活最重要的领域可能是没有进步的，只有与我们的本性无止境的斗争。

当代的人文主义者们在谈及进步时把两种不同的神话混为一谈：苏格拉底的理性神话和基督教的救赎神话。如果说由此产生的观念存在矛盾，这也正是它吸引人的地方。人文主义者们相信，人性随着知识增多而改良，但是相信文明会伴随着知识增多而进步则纯粹是一个信仰的行为。他们把人类潜能的实现看作是历史的目标，但理性的审查告诉我们，历史是没有目标的。他们依然赞颂自然，但是坚持认为人类——这个自然的偶然产物——能够克服其他动物面临的自然局限。虽然这是如此荒谬可笑，却赋予了他们生活的意义，因为他们相信自己已经把神话抛在了脑后。

期待人文主义者们放弃他们的神话是不切实际的。如同廉价的音乐一样，进步神话刺激神经的同时也麻痹了头脑。理性人没有任何曾经到来的迹象，这只能使人文主义者们更热情地抱着坚定的信念，相信人类总有一天终将从非理性中得到救赎。就像那些相信飞碟的人，他们解释说未发生的事件证实了他们的信仰。

科学和进步的理念似乎可以结合起来，但是科学进步的结果似乎只是表明文明的进步是不可能的。科学是幻想的溶解剂，人文主义就是它所溶解的幻想中的一个。人类知识增长了，然而人类的不理性依旧故我。科学探索也许是理性的一个体现，但是这种探索证明人类是不理性的动物。人类拒绝接受这个事实只能证实了它的真实性。

无神论和人文主义表面看也可以结合，实际上却是矛盾的。在当代无神论者看来，怀疑进步就是亵渎。指出作为动物的人类的缺陷成了悖理逆天的行为。宗教的衰退只不过加强了心中对信仰的固守。时至今日，质疑信仰应当从质疑世俗神话而非质疑宗教出发。一种拒绝敬畏人类的无神论才会是真正的进步。弗洛伊德的思想就是这类无神论的例证；但是弗洛伊德被拒绝恰恰因为他拒绝阿谀奉承人类这种动物。无神论者依然是狂热的人文主义者，这并不让人吃惊。人类摆脱进步神话所需的自我改良能力，要比进步神话认为人类拥有的自我改良能力还要大得多。

现代神话是用另一套术语讲述的宗教神话。两种神话的共同之处在于它们都满足了对不可否认的意义的需求。为了生存下去，人类发明了科学。通过不懈的追求，科学探索渐渐戳穿了神话。但是没有神话的生活是难以忍受的，于是科学变成了通向神话的渠道——其中最主要的便是科学救赎神话。当真相与意义不一致的时候，获胜的是意义。个中原因非常微妙。为什么意义如此重要？为什么人类需要一个理由才能活着？是因为如果不相信生活拥有隐藏的意义就不能忍受吗？还是说对人生意义的需求源于对语言赋予了太多的意义，认为我们的生活是一本大书，而我们还没有学会阅读它？

第二章

超越思想的尽头

人文主义的主要缺陷是它关切人类。在人文主义和其他事情之间，创造一种可接受的虚构也许是可能的。

——华莱士·史蒂文斯

弗洛伊德的雪茄和通向涅槃的漫漫长路

当弗洛伊德发明心理分析的时候，他相信自己正在建立一门新的科学——神经科学的分支。而实际上，他是在为“人应当如何生活”这个古老的追问添上新的篇章。弗洛伊德——一个自相矛盾的、彻底的现代思想家——在现代理想上种下了一个大问号。他没有放弃他坚定的无神论思想，而是把宗教的一个核心观念进行了重构：人类是破了口的容器。人类实现自我的障碍不仅存在我们周围的世界里。人类自身也暗怀有一种破坏自我实现的冲动。厄洛斯（Eros）——爱神，或创造力之神——是人类不可分割的一部分；但是弗洛伊德认为，死神桑纳托斯（Thanatos）也是人类不可分割的一部分，那是一种在仇恨与毁灭中得到了表达的死亡本能。心理治疗的目的不是平息争斗的冲动，或者让一方压倒另一方，而是在头脑中产生一种变化，让双方都能够接受的变化。

弗洛伊德相信，人类需要一个内在的改变，只要人类存在，他一直以一种或另外一种形式延续着既有的传统。纵观历史和史前，人们都认为人类这种动物是病态的。健康可能是其他物种的自然状态，但是对于人类，病态才是正常。长期不适是人类的一部分。每一种文化都有它自己的治疗方法，这并非偶然。部落的萨满巫师和现代的心理治疗师满足着同样的需求，从事着同样的工作。

弗洛伊德曾被指责创造了一种文化，在这种文化中，每个人的困难都是一个心理调整的问题。这种谴责暴露出弗洛伊德工作的核心冲击力在今天依然受到着怎样的抵制。弗洛伊德没有提出治疗心灵，这是他早晚期治疗方法的区别所在。在过去的一个多世纪里，思想的正常冲突被视为能够被治疗的疾病，这在一定程度上是弗洛伊德思想的一个附带后果。而对弗洛伊德来说，人类病态的来源正是对没有冲突的生活的希冀。弗洛伊德不仅接受了严肃的哲学和宗教，他还认为人类是病态的动物。他的思想新颖之处还在于，他承认人类的疾病是无法治愈的。

把弗洛伊德视为引领着一种新斯多葛主义伦理学是没有错的。弗洛伊德打破旧习的一个标志，就是重申顺从是一种美德。他的目的是赋予个体反抗世界的武器，虽然他知道世界终究会获胜。弗洛伊德赞同斯多葛学派的观点，认为人类不可能成为他们命运的主人。我们没有选择，命运决定我们何时何地出生，父母是谁，我们生活的环境什么样，该遭受多少痛苦。然而某种自由依然可能存在。罗马的斯多葛派哲学家塞涅卡（Seneca）在一封信里定义了这种自由："自由就在我眼前，我正努力想要获得自由的报偿。你问，那自由是什么？自由意味着不受任何状况、任何约束、任何偶然性的奴役；自由意味着，迫使命运也平等地不能奴役我们。"

现代思想家们往往相信人类能决定自己的命运，其实就是相信没有命运这种东西。弗洛伊德和古人一样认为，我们的生活是命中注定的，然而他也断言，我们能够形成对自身命运的立场。但如果认为弗洛伊德是一个过时的斯多葛哲学家，那未免也太简单了。

斯多葛派哲学家罗马皇帝斯马可·奥勒留（Marcus Aurelius）发现，皇帝的职责是一副重担，于是安慰自己说，每个人在事物的发展过程中都有自己的位置。如相信神圣的逻各斯形成了宇宙的基督徒一样，奥勒留在顺从宇宙中找到了平静。弗洛伊德对顺从超人类的秩序、自然或神圣之事都不感兴趣。他不仅拒绝斯多葛学派的慰藉，还拒绝基督和他的信徒，以及信仰进步的人文主义者提供的安慰。弗洛伊德认为混乱是最终的结局，在这一点上他很现代。同时他与现代理想之间的距离又是清晰可见的。精神分析一直被看作是增强个人自主的方法，然而实际上几乎恰恰相反。与信仰自由意志的基督徒一样，人文主义者坚信人类是自由选择自身生活的，或者未来某一天会做到这样。但是他们忘了做出选择的自我本身并没有被拣选为自由民。

弗洛伊德的理论与人类经历的婴儿期无助有着很大关系，与被压抑的性欲之间的联系几乎同样大。他告诉我们，我们的幼年经历留下了难以磨灭的印记。通过心理治疗，这些印记也许会更清晰可见，但是不能抹去。弗洛伊德的理论清楚地暗示我们，个人自主是一个幻想。他警告说，心理分析是一个无止境的过程，其结局就是接受个人命运。

这听起来很像斯多葛哲学。但是如果弗洛伊德拒绝接受斯多葛的宇宙观，他也会拒绝接受其伦理学观点。对于像马可·奥勒留这样的斯多葛派学者，好的生活就是有德行的生活。为了过上更好的生活而违反道德是不可想象的，因为道德品行的指令和禁律是宇宙之法，是行为的准则。弗洛伊德不相信宇宙是由法则统治的，他有着不同的观点。道德并不是内在于事物本质的固有属性，而是人类约定俗成的一套惯例，当它妨碍了更加令人满足的生活时可能就会被无视或改变。所以要掌控的不只是潜意识。超我也是一样。超我是人类心灵的一部分，它追求的是完全彻底的“善”或“好”。超我——德语叫作 das Uber-Ich，翻译成英文是“over-I”——将文明的约束主观化了。但是在弗洛伊德看来，只有当他们从“道德”中超脱出来，人才能够称自己为个体。

弗洛伊德有点像尼采，但是比尼采更加清醒，他设想了一种“超越善恶”的生活方式。他在一封给同事的信里描述了一个好的心理分析学家的品质，说他不应该太讲道德："你的分析饱受世代相传的美德的弱点之累。这不是正派人干的活……他得是一个坏人，越过常规，牺牲自己，背叛他人，就像一个艺术家，拿老婆养家的钱去买油画，或者为了他的模特把家具烧了温暖房间。没有这种犯罪行为就不会取得真正的成就。"

心理分析的目的之一就是驯化道德。无政府主义的冲动和道德感都得向理性屈服。但是理性的独裁永远不可能取得彻底的胜利。如果说我们的冲动之间存在着冲突，那么它们同样与良心的要求冲突着，而且良心的要求之间往往也在互相争斗。自我力量的展现不是希望调和这些冲突，而是学会接受冲突。那是接受个人命运的题中之义。但是对弗洛伊德来说，宿命论与被动没有任何关系。

在某些方面，弗洛伊德的人生观与十九世纪德国悲观主义哲学家叔本华相似。弗洛伊德声称自己直到晚年才读了叔本华的书。但是他也承认叔本华预见到了心理分析的基本观点，他写道："大概很少有人能意识到潜意识心理过程的认识对生命和科学的重大意义。然而，我还是要提前说明，最早迈出这一步的并非心理分析。我们可以列出很多堪称心理分析先驱的著名哲学家——头一个就是伟大的思想家叔本华，他的潜意识‘意志力’相当于心理分析中的心理直觉。”叔本华也认为，性欲是人类生活的主要动力。他说：“性欲是几乎所有人类事业的终极目标。”“在部长的文件夹里和哲学家的手稿中都夹着表达性欲的小纸条和情书。”这些观察很可能来自弗洛伊德本人。

塑造人类生活的不是有意识的思想，这两位思想家接受了这一观点，因此与主流西方传统决裂了。在我们想象中的自主选择之下，潜意识的意志统治着我们。实际上，世界本身就是一个意志，一个借助身体欲望表达出来的能量场。弗洛伊德的“本我”（id，在英语里其实就是第三人称代词 it）这个词来自他的前同事，“心理分析狂人”乔治·格罗戴克（George Groddeck）。格罗戴克将这种能量流称之为本位。格罗戴克的这个词来源于尼采，尼采的观点又来源于叔本华。弗洛伊德的本我即叔本华的意志，一个超自然范畴最终成了一个心理学理论。

对叔本华和弗洛伊德来讲，世界就是一个不断争斗的竞技场。可是叔本华提出了救赎的可能性，弗洛伊德正是这一点上与他持完全相反的观点。叔本华相信人类的自主是一场虚幻，但同时又指出了从虚幻中解放出来的前景。救赎就在于要摆脱自我，让一种基于“海洋般深沉的合一感”的生活方式成为可能。

弗洛伊德并不认同这个救赎之梦。叔本华提出的逃离虚幻的可能性本身就是一个虚幻。这种深沉的感觉确实足够真切，但它不能成为一种生活方式的基础。不论他们会经历什么样的解脱瞬间，人类注定要过着斗争的生活。弗洛伊德写道：“本我的所在，即自我所在。”海洋般深沉的合一感对他没有魔力。人类的生命也许就是通向死亡的曲折道路。我们一直在战斗，直到死亡带来解脱。

顺从是弗洛伊德观点的核心，但这种顺从和屈从于世界恰恰相反。他从不会设想把自我和什么宇宙秩序相融合。顺从意味着接受永远的混乱这个事实。像斯多葛学者一样，弗洛伊德知道如果要让思想不至于总是处于动摇的状态，有很多东西就得放弃。而他的目标不是追求毫无激情的心神宁静——马可·奥勒留怀疑过，但是从未发现这一点。相反，弗洛伊德建议过一种以接受永远的动荡为基础的生活方式。顺从并不是说自我要退缩到没有命运打击才能存活的地步，而是说要强化自我力量，以便人类能够抗击命运，保护自己。

弗洛伊德在他的一生中一直在践行着这种积极的宿命论。他在纳粹占领下的奥地利待了很长时间，最后还是选择离开祖国，虽然差点就太晚了。当时盖世太保要求他签署一个文件，证明他时刻都“完全自由地生活和工作着”并且“没有一丁点抱怨的理由”。他在文件上签了字，同时自己加了一句嘲讽的附言：“我要向每一个人大力推荐盖世太保。”他之所以这样做，是因为自信无能的盖世太保觉察不出其中的讽刺意味，但是这实在是一种不计后果的鲁莽抗争。

另一方面，弗洛伊德拒绝戒掉雪茄的经历也是如此。不管是在维也纳，还是人生最后几年在伦敦，他从没有把雪茄戒掉——他认为那是“生活斗争中的一种保护和武器”——为了治疗癌症，他的下颚嵌入了一个假体，尽管非常痛苦，他还是要撬开嘴巴把雪茄放进嘴里。病入膏肓之际，他再也不能抽雪茄了，他当时描述自己的生活像“漂浮在冷漠海洋中的痛苦的小岛”。当弗洛伊德忠实的弟子欧内斯特·琼斯（Ernst Jones）来跟他这个垂死之人告别时，弗洛伊德“睁开双眼，认出了我，一只手挥了一下，然后用一种具有高度表现力的手势垂了下来。”琼斯写道，这个手势包含着“丰富的含义”，用最简单的话说，就是“问候、永别、顺从”。“接下来就是沉寂了”。几天后，弗洛伊德的医生怀着敬意兑现了他的承诺，给弗洛伊德注入了足量的吗啡，结束了他的痛苦。

弗洛伊德并没有为了避开痛苦而回避享乐。他似乎想过，享受快乐到生命的尽头要比遭受毫无痛苦的生活要轻松得多。当他无法忍受癌症的痛苦时他选择了协助自杀。弗洛伊德的生活就是一个人类意志反抗命运的例子。但是他从未想象过人类能战胜命运，这才是这个最具意志的人劝人们顺从的原因。

人们一直认为心理分析的创始人为现代病提供了一个治疗方法，而他实际上却颠覆了健康的现代神话。但弗洛伊德并不认为心灵可以完全与神话剥离。正如弗洛伊德在与爱因斯坦讨论战争成因的一封信里所说，心理分析本身就是一种神话学——“关于本能的神话理论”。弗洛伊德写到死亡本能——“在每一个生物身上都起着作用，一直力图毁灭生命，让生命退回到它最原始的无机质状态”——这也许就是一个神话。“对你来说，似乎我们的学说就是一种神话理论，”他写信给爱因斯坦说，“而且目前来看，并非一个能令人欣然接受的神话。”弗洛伊德又接着问爱因斯坦：“但是每一种科学最终不是都成了神话吗？你自己的物理学如今不也是被称为神话吗？”

弗洛伊德承认心理分析是一种神话，西班牙裔美国哲学家乔治·桑塔亚那（George Santayana）也这样认为。在一篇名为《通向涅槃的漫漫长路》（*A Long Way Round to Nirvana*）（1933）中，桑塔亚那论及了弗洛伊德的一个观点，即人类生活受爱欲与死亡这两个对立的本能所左右。他说道：

> 这些是弗洛伊德有关生命的新神话，如同他之前关于梦的旧神话一样，原本是用来启发和磨炼我们自己的。人类精神在觉醒后发现自己陷入了困顿之中；它毫无因由地背负起

种种焦虑的负担：食物、压力、噪声、疼痛……和另一个神话一样，它生来就带有原罪……在另一个睿智的神话中也含有同样的洞察力，这个神话在印度自古以来一直激发着道德与宗教精神。我指的是因果报应。按照这种学说，我们天生就继承了一种强加于我们的品行，被指派了长期的任务，所有这一切的根源都在于无知，正是无知让我们在往世中进入了各种承诺……一些缺乏自我认识的哲学家认为，未来可能带来的种种变数和纠结都是精神的显现；但是，弗洛伊德指出，它们是被外部压力强加于生物之上，然后在物质世界成形的东西……当你从外面看的时候，尽管灵魂看起来幽邃阴暗，但都是完美的自然之物；同样的认识不仅能够发掘我们所压抑的幼年时的激情，消除我们顽固的恶习，还可以指出我们真善之所在。大自然已经早早为我们指定好了道路；路上有陷阱，但是也有报春花，它将通向的是和平。

桑塔亚那接着引用弗洛伊德《超越快乐原则》(*Beyond the Pleasure Principle*)里的话，弗洛伊德把死亡本能解释为一切生命物质的趋势："在活的有机体之中有一个趋势，那就是本能终将驱使有机体回复到早先的状态……如果生活目标迄今从未达到，那么它会与本能的保守性截然不同。毋宁说，本能必然是一个古老的起点，生命在很久之前从那里出发，经过种种蜿蜒崎岖最后又重新回到的起点……一切生命的终点都是死亡……"

引用了这篇文章后，桑塔亚那意识到弗洛伊德正在表述一种新的神话。生物体向死而生的观点不是科学所能证实或证伪的。现代科学的方法是不诉诸目的去认识世界。然而，桑塔亚那继续说道，

> 弗洛伊德的预测传递的观点是真实的。神话在哪种意义上可能是真的还是假的？就道德困境或是文学心理学而言，它们也许会解释大体的运动方向，以及切要的事实，也许会给予我们睿智的启示。在这个意义上，我要说希腊神话是真实的，而加尔文神学是虚

假的。精神分析学里使用的主要术语一直都是隐喻性的："潜意识的希望"、"快乐原则"、"恋母情结"、"自恋"、"潜意识压抑"；不过，我们可以敞开心胸，接受意涵深远的精神愿景：一个新的开端即将开始，那里的克制更少，病态的压抑也更少。

运用桑塔亚那的区分方法，弗洛伊德死亡神话的真是希腊神话意义上的真，而现代进步神话的假是加尔文神学意义上的假。这听起来像希腊神话一样古老——如今在上流社会里没人敢谈论本能——弗洛伊德的神话抓住了持久普遍的人类经验的特点。当然弗洛伊德的观点是一个隐喻系统。人类的一切话语都是如此，虽然所用的神话并不都是一种。科学与神话的区别不在于科学是真实的，而神话只是一种诗意的类比。尽管它们的目的不同，但是两者都是人类用符号所构成，用来应对狡黠世界的系统。

当弗洛伊德创立精神分析学时，他认为人类的行为如同其他自然现象一样可以被研究。然而他研究的结果是，我们不得不承认我们对自己的了解简直太有限了。人类对事物的认识是由动物性的求生斗争塑造而成的，是随意任性的。众所周知，科学可能只是一系列幸运的错误。自我认识问题更大。如果我们了解了关于一个星星的一些新知识，星星不会改变；但是当我们发现了有关我们自身的新东西，我们就改变了我们即将成为的那个人。

弗洛伊德认为这也不必沮丧。如果我们能重拾已经失去的东西，那么我们将会以一种全新的方式看待自己。通过一直被压抑的过去的片段，我们能够想象出其他可能的生活路径。其中就可能有你曾经为自己选择的道路。了解你是怎样成为现在这个样子，你就可以在接下来的生活中对它加以塑造。

从幻想到虚构

弗洛伊德承认精神分析——至少部分上——是在创造一种神话，这表明了他与西方主流文化，包括与叔本华之间的距离。尽管叔本华否认理性能够引导人类生活，但他仍然是古典传统下的一名形而上学家。虽然他所能说的一切都是消极的，但他想阐明的依然是这个世界的本质。弗洛伊德则不同，他的思想受到了物理学家欧内斯特·马赫[1]所提倡的那种维也纳学派的观点影响，这是一个后形而上学学派，力图避免提出关于物自体的看法。

马赫的思想启发了后来著名的逻辑实证主义哲学。逻辑实证主义哲学认为，科学是所有人类知识的范式。按照马赫的观点，人类能知道的唯一一件事情就是他们自己的感觉，而科学正是建立于这种感觉之上。弗洛伊德赞同马赫的观点，并且他自己也渴望成为一名科学家。但是，弗洛伊德继承了这一哲学思潮内在的张力，而且并没有将其解决。在马赫看来，科学是一种为感觉带来秩序的工具。但是在这一点上，科学与其他思维方式并没有根本的不同。既然如此，虽然科学与神话在某些方面存在差异，但不可能有什么根本性的矛盾。

当弗洛伊德将科学与神话对立起来时，他忽略了一个自己后来与爱因斯坦交流时提到的事实：科学和神话都是面对混沌的感觉的方法。他依然认为只有科

1. 欧内斯特·马赫（Ernst Mach，1838—1916），奥地利物理学家、哲学家，经验批判主义创始人之一，提出光学、力学、波的动力学等原理多项，认为“世界是感觉的复合”。

学才产生能够称作知识的东西，其他一切都只是幻想。同时他渐渐认识到幻想也不纯是错误。幻想在满足人们对生活意义的需求中也占有一席之地，神话亦如此。科学本身就有一些神话的特质。但是如果是这样的话，那么将神话从心灵中驱除就是不可能的，而弗洛伊德在有的时候恰恰认为，这正是心理分析的目标。没有神话的生活本身就是一个神话。

在弗洛伊德的一生中，大部分时间都在致力于扩展自觉意识的领域。这个时期的弗洛伊德认为，宗教是人类需要幻觉的一个重要例证。但是后期的弗洛伊德逐渐认识到，宗教的幻觉含有某些不能用其他方式传递的真理。

在《一个幻想的未来》（*The Future of an Illusion*）中，弗洛伊德写道：

> 幻想与谬误不同，幻想也未必是谬误……换言之，当我们说一个信念是幻想时，这个信念的主要动机是实现一个愿望，而且在这个过程中我们无视了它与现实的联系，因为幻想之所以是幻想，就在于它不需要与现实

存在联系……现在我们拥有了这些认识，如果我们再回头去看宗教，也许又会说：它们都是幻想，是无法证实的……其中有一些太不可能，与我们如此努力去认识的世界的一切完全相反，以至于即使我们考虑到心理差异的存在，它们也依然可以被称为妄想。它们中大部分的现实价值根本无法评价。因为它们是不可证实的，所以它们也无法证伪。我们现在还很不了解如何去批判地审视它。尽管研究者们慢慢地揭开了许多未解之谜的面纱，但依然有很多问题是科学无法回答的。然而，如我们所见，科学工作是能够引领我们通往关于外部世界现实知识的唯一康庄大道。

按照弗洛伊德的这一看法，科学和宗教只能是对立的关系。如果科学服务于知识的需求，宗教就服务于意义的需求。幻想也许有用，甚至不可或缺。但是弗洛伊德坚持认为，这并不会让幻想更真实。他摒弃了同时代的汉斯·费英格（Hans Vaihinger）在他的书里提出的“仿佛”哲学（“as-if” philosophy）。

《仿佛的哲学》（*The Philosophy of “As If”*）写道，一切人类的思想都充斥着虚构：

> 在我们的智力活动中，有大量我们都一致认为是毫无根据的，甚至荒谬的假想。它们被称为虚构，但是因为种种原因，我们不得不表现得“仿佛”我们相信那些虚构似的。它们告诉我们，宗教教义就是如此，原因在于它在维持人类社会中无与伦比的重要性。这个论据与“唯其荒谬我才信仰”相差无几。然而，在我看来“仿佛”所要求的只有哲学家才能做到。任何没有受到哲学熏陶的头脑将永远不能接受它；对他来说，这一论题的终点便是承认荒谬，承认与理性相悖的事物存在。

三世纪的基督教神学家德尔图良（Tertullian）提出，信仰正是因为荒谬——还创造了一句口号：唯其荒谬我才信仰（credo quia absurdum）。这个弗洛伊德引用的口号本身就是荒谬的，这种有意识的自欺欺人注定失败。我们怎么能生活在虚构的基础之上？按照弗洛伊德的观点，这是完全不可能的：“不，科学不是幻想。认为我们可以通过别的方式获得科学不能给予我们的知识，这才是幻想。”弗洛伊德在这里采纳了实证主义哲学，认为神话只不过是原始粗糙的、已经被科学证伪了的理论。但是，即使在弗洛伊德自己的思想中，神话、幻想、虚构与科学的区别也是远比他所意识到的更加模糊。

弗洛伊德坚定地认为科学不是虚构，科学的方法里确实包含证伪——也就是系统地去证明一个理论是错误的——而神话与虚构则无所谓真假。但是如果我们了解一下科学史就会发现，即使是受过最严格检验的理论依然含有错误。无疑我们使用的是我们认为最接近真实的理论；但是我们不知道这些理论哪些部分是真的，哪些部分是假的。我们还在继续使用这些理论。有人说，神话也是虚构的，只不过人们不承认它是人类创造出来的。而在人们忘掉了科学理论的虚构性之后，它们也就成了神话。实际上，尽管人人都说科学是追求真理，但科学家们只是将自己的理论视为有用的虚构。

汉斯·费英格第一个提出人类的思想都是由虚构组成的，他清晰地区分了科学的虚构以及诗歌、宗教虚构的差别：

> 我们必须划定区分科学的虚构和以同样的术语命名的其他虚构的界限。
>
> 虚构，首先是一种创造活动，也就是说，是一种构造、成型、塑形、制作、展示，艺术造型；构想、思考、想象、假设、计划、设计、创制。其次，虚构指的是这些活动的产物，即虚构出的设想、制作、创新、想象的成果。它最显而易见的特性就是不受任何阻碍的自由表达。

神话学，迄今可能被看作宗教、诗学、艺术和科学的共同源头，它给我们展现了具有创造力、想象力和幻想力的人们在自由创造活动中的原创性表现。正是在这里，我们第一次发现与现实不同的幻想的产物。

如果我们接受了费英格的解释，那么科学和神话就是不同的：方法不同，满足的需求也不同。但是科学和神话有一点是相似的，即它们都是人类临时搭建起来的避难所，目的是逃避他们不了解的这个世界。弗洛伊德本来希望在科学和思维方式之间确立恒久明确的分野，但这个分野最后却模糊不清，游移不定。

弗洛伊德给科学和宗教划定的差别处于不断变化之中，这也表明了两者的界限是多么不稳定。弗洛伊德从未受到任何宗教的诱惑，他的无神论思想，连同他对现代理想的怀疑，都是根深蒂固的。然而他逐渐认识到，宗教在人类的发展上有着不可替代的作用——尤其是，精神分析正因宗教才成为可能。在他的最后一本书《摩西和一神论》（*Moses and Monotheism*）中，他提出也许该把对无意识心理的知识归功于一神论。如果精神分析是科学，那么这门科学之所以存在，正是因为所有幻想中最宏大的那一位。

弗洛伊德对宗教史的阐释与众不同，令人耳目一新。他提出，基督教通常被看作人类思想的一项重大进步，但它实际上是一个倒退。由于禁止描绘神的形象，犹太教产生了不可见的现实这一理念。此时，一种以前从未存在的内省就成为可能。如果上帝是不可见的，那么精神世界对我们来说可能会是未知的，就像看不见的上帝一样。由于基督教引入了人神相似的概念，甚至于神可以作为人降生在世间，神就不是不可见的，而是一个神圣的人格，神的存在就像我们自己实实在在的存在一样。于是，精神世界中有一大片领域是不可见的这一可能性也就不存在了。

另一个障碍是苏格拉底的传统。苏格拉底倡导的自省与精神分析完全不同。如柏拉图描绘的那样，苏格拉底认为人类的心灵与宇宙同样遵从逻辑和道德的法则：如果你了解自己，你就一定是善的。弗洛伊德没有做这种假设。心灵的运作方式是隐秘的，既不遵从逻辑——弗洛伊德说，本我并不避讳自相矛盾——也与对错无涉。苏格拉底式的自省宣称自己追求的是真理，这也只不过是一种神话的产物罢了。

弗洛伊德对幻觉的攻击矛头直接指向的是宗教，而他对世俗神话隐含的攻击则更加致命。进步神话是现代人类最大的安慰剂。但是弗洛伊德并不打算提供另一服安慰剂。如果他有目标的话，那也许是探究没有安慰剂的人类将如何生活。弗洛伊德是一位提出问题的思想家：没有了现代神话的现代人怎么生活？

终极虚构

思想的尽头似乎是无尽的疑惑。面对此境，诗人华莱士·史蒂文斯建议我们相信虚构：“最终的信仰就是相信虚构，你知道是虚构，没有别的。精妙的真理就是明知道是虚幻却心甘情愿地相信。”

史蒂文斯专门用他最伟大的诗歌之一来探索这个意义。“对最高虚构的注释”不是一连串的论证。诗人对说服没有兴趣。在诗里，史蒂文斯提出了他所认为的终极思想问题。

> 那一定
>
> 是可能的……
>
> 找到真正的，
>
> 剥去每一个虚构，除了
>
> 那个绝对的虚构……

除了一个绝对的虚构，剥去每一个虚构是为了找到你的思想处在“一个点/超出则思想就不能如思想般进步”。在这一点上，史蒂文斯似乎在暗示，人们只能选择而不能摒弃。但是人们怎能在虚构中选择呢？怎能使自己致力于一个他们明知道完全虚构的事物呢？如弗洛伊德指出，虚构的有意识的选择就像德尔图良的“唯其荒谬我才信仰”。弗洛伊德认为，这样的选择是不可能的。然而基于虚构的生活也不是不可能的，因为我们每天就过着这样的生活。我们可能不会选择我们借以生活的虚构，或者说这个选择是无意识的。但是我们的生活仍然取决于虚构。

有关信仰的理念混淆不清。我们习惯性地认为，我们是依靠对自己和世界的信念而活着的：科学是对真实信仰的追求，而宗教是终极事物的信仰的集大成者。这种西方哲学的残留思维方式认为信仰是最重要的。当史蒂文斯写到自愿地相信虚构时，他掉进了这个远古的混沌之中。他曾想“坚持更好的信仰，即使所信仰的并非真实。”但是虚构不是有意识的谎言。想象的创造，既非真也非假。没有真实，我们就不能创造想象。不论我们如何看，事物都在按照自己的方式运转。即使我们不相信虚构是真实的，这也不妨碍我们活下去。我们不必为了把纷杂的世界关在门外，而总是修补自己对事物的看法。

西方思想的主要弱点是对信仰的急切依恋。这种异常的依恋有着长久的渊源，一直要追溯到哲学的创始人苏格拉底——至少按照如今我们对它（和他）理解是如此。但是在一些西方宗教流派和一神论的人文主义继承者之外，信仰不是实践的基石。宗教已经创立了高度精致的理念体系，如吠檀多[1]、佛教的辩证法和卡巴拉教[2]，但这并不是护教学。如果它们有实际的使命的话，那也是指出单凭信仰无法捉摸的现实。在这一方面，它们像极了史蒂文斯所说的虚构。

史蒂文斯告诉我们，最高的虚构必须有若干特性：必须是抽象的；必须是可变的；而且必须带来快乐。这些要求都很有意思。神话会随着时间而发展，但它们本身却被认为是无时间的。史蒂文斯似乎在问，为什么不承认这种明显的差别，承认塑造着我们生活的虚构与生活本身一样是流变的呢？要求虚构带给我们快乐，这似乎有点奇怪。但是，除此之外，还有什

1. 吠檀多（Vedanta），古代印度哲学中一直发展到现代的唯心主义理论。

2. 卡巴拉教（Kabbalah），犹太教神秘哲学，一种由中世纪一些犹太教士发展而成的对《圣经》作神秘解释的学说。

么能让人们接受它呢？虚构不是你需要证明的东西。当它来到你面前，你就直接接受好了。其他人就随他们吧。

终极的虚构绝不是某一种确定的信仰，而是创作虚构本身的活动，史蒂文斯称之为诗歌艺术。虚构不能随意创作。如果我们能让它们随心所欲地产生，也就能让它们随时随地消失。那是人文主义的看法。但是尽管我们借以生活的虚构是人造的，它们却并不受人类控制，就像史蒂文斯诗歌《纯粹的存在》（*Of Mere Being*）里在棕榈树上唱歌的金色小鸟，它们来了

在心灵的终点
超越了思想的尽头……
那金色的小鸟歌唱。羽毛闪着光芒。

史蒂文斯所谓纯粹的存在就是我们的虚构，有时指的是纯粹的虚无。这个我们最重要的虚构以一种超越了人们理解力的方式出现，是一种命运，但它对每个人是不一样的。对每个人来讲，没有虚构是至高无

上的，永远没有。至高无上的虚构是一个不值得拥有的理念，因为根本就没有这种理念。

承认生活是由虚构塑造的也许会给我们带来一种自由，这大概是人类能够获得的唯一一种自由。接受世界是没有意义的，我们就从制造意义的牢笼中被解放了出来。我们知道，世界里似乎没有什么东西能剥夺世界本身的价值。但是这种虚无可能是我们最宝贵的财富，因为它向我们展现出了一个超出理解力范围的、取之不尽的无穷世界的存在。

快乐，没有你也能过的虚构

弗洛伊德在给他的一个病人的信里写道："我不怀疑，由命运带走你的痛苦，比由我来带走会让你更好受一些。但是如果我们成功地把你的歇斯底里的痛苦变成普通的悲伤，你自己便会看到这收获有多么丰硕。重建内心生活，你就能更好地去抵抗自己的悲伤。"在弗洛伊德看来，追求幸福分散了对生活的关注。为了发现作为一个人所拥有的有趣又有价值的经历，专注于一些不同的东西——一种你不需要去满足幻想的生活，岂不更好。

当代的信条就是，你可以通过成为你真正想成为的那个人来实现梦想。在我们中每个人都有等待着被开发的独特潜能。我们的不幸在于，这些可能性大多都被摧折了。因此，我们会想，许多人过着悲哀窒息的生活，他们错过了成为自己的机会。但是他们知道自己想成为什么样的人吗？如果他们成了那样的人，他们会“快乐”吗？只有那些长期过着悲惨生活的人会把他们的境遇基于此种牵强附会的揣测之上。事实是，他们大部分人的生活都消磨在充满希望的动荡状态中。他们在为快乐而奋斗所带来的苦难中找到了意义。在现代人逃避空虚的过程中，没有什么比得上对这种痛并快乐着的状态的偏爱。

自我实现的理想在很大程度上要归功于浪漫主义运动。对于浪漫主义者来说，最高的成就是原创性。在创造新形式时，艺术家就如同上帝一般。浪漫主义艺术家们的诗歌和绘画不是传统主题的变体。它们本打算成为这个世界上一些新的东西，很快人们就开始相信，通过这种方式，每个人的生活都是原创的。只有发现并且成为真正的自己，人们才能快乐。

弗洛伊德认为，没有真正的自我可供找寻。心灵是混乱的所在，强加秩序于其上是理性的任务。1932年，爱因斯坦问他战争是否能永久废除，弗洛伊德在回信中写道：“人类进步的理想状态是这样一个共同体，其中人们把本能的生活置于理性的专制之下。没有什么比这更能把人类完全彻底地紧密团结在一起了，即使他们之间并没有任何情感纽带。但是这多半是一个乌托邦的期待。”

弗洛伊德认为人类生活是一个自我建构的过程，而不是对虚构的内在自我的追求。寻找真实的自我会招致无尽的失望。如果你没有特殊的潜能，试图让你的内心本质结出硕果的代价将是痛苦地挥霍了自己的存在。即使你有非同一般的才能，如果刚好有别人看重，那也只是给你带来成就而已。很少有人像怀才不遇的人那样不快乐。不管怎样，谁想耗费一生，四处游荡，等待别人赏识呢？如约翰·阿什伯里写道：

一个寻求自我实现的天才
也只能带你到空地之上
紧挨着木材厂，等着把名单唱

浪漫主义的理想告诉人们去寻求真实的自我。这种自我是不存在的，但是并不意味着我们可以成为任何我们想成为的人。天才是命运的礼物而不是能被随意挑选的东西。想象一下你拥有了你现在所没有的才能，你变成了另一个萨利埃里（Saleri），一位由于莫扎特的出现而被糟蹋了的作曲家。萨利埃里不是没有才能。他的一生中事业大都很成功。但是，如果我们认同普希金（Pushkin）等人对他的描绘，我们就可以看到萨利埃里终其一生都在怀疑自己是个模仿者。在这个社会里，人们从小受教育要做自己，无论如何不能当模仿者。

自我实现的观点是现代虚构中最具破坏力的东西之一。它暗示道，只有一种生活，或者说有限的几种差不多的生活中，你才能生活幸福，而实际上人人都可以在无数多种生活中获得幸福。我们认为的幸福生活顶点是最终实现成就。亚里士多德等哲学家们一直鼓励我们以这种回顾式的方式去思考。但是这意味着，在你的思想中，生活就仿佛已经结束了一般，虽然没有人知道它将以何种方式结束。终日为一个你可能成为的那个人撰写讣告，这种生活方式着实有些奇怪。

人类如果不终其一生寻求快乐的话，那还更有可能找到更好的生活方式。这并不是说我们应该间接地追求快乐——这种观点也来自亚里士多德。相反，我们最好根本都不要去寻找快乐。寻求快乐就好像是在人生结束前便将一辈子过完了一样。你提前知道了一切重要的事情：你想要什么，你是谁……为什么要给自己增加负担，在这个无聊的故事里充当一个角色呢？你最好随着生活的继续来规划自己的生活，在路上别太迷恋自己给自己编造的故事。

学会了解自己就意味着，用一种比过去更具想象力的方式来讲述自己的生活经历。当你按照这个新的故事逐渐理解你的生活时，你自己本身就会改变。那么你就可能会说，一种新的虚构将塑成你的生活。制造这些虚构就是弗洛伊德所说的自我建构。自我本身就是一个虚构，一个从未确定，也不会完成的虚构。弗洛伊德说："在虚构的国度， 我们找到了我们需要的生活的多重性。"

荣格的雅利安无意识，或者神话的非指

弗洛伊德没有去思考神话可能以何种方式更新，

而他走入歧途的同事卡尔·荣格（Carl Jung）早已指出那条路通向何方。荣格的思想有趣不是因为其思想本身有什么价值，而是因为它显示了心理学如何成了新宗教的承载者——这是弗洛伊德一直抵制的发展方向。按照荣格的说法，心理治疗师成了一种萨满巫师，一个通向地下世界的现代心灵的引领者。但是荣格想要引领人类进入的地下世界是荣格自己的发明，他设计这个概念是为了掩盖纳粹即将统治欧洲的那些岁月里他自己的行为。

荣格的神话观既非独创，也非来自弗洛伊德。在荣格遇到心理分析之前，这些观点是十九世纪末和二十世纪初的德国知识分子思想的一部分。当时，试图发展一种基于科学的进化宗教的神秘学家、神智学教派等各类运动势力强大。这项事业的领军人物是恩斯特·海克尔[1]，一位德国耶拿大学的动物学教授，在德语国家有着广泛的追随者。海克尔的计划是创立一门基于科学唯物主义和进化理论的新宗教，他称之为

---

1. 恩斯特·海克尔（Ernst Haeckel，1834—1919），德国动物学家，达尔文主义支持者，提出生物发生率，为进化论提供了有力证据，主要著作有《人类发展史》《生命的奇迹》等。

一元教（Monism）。海克尔是在欧洲传播达尔文主义比较有影响力的一位思想家，而且创立了生态学。但除此之外，他还提倡人类这个物种是由不同层次的种族组成的，优生学作为一门应用科学能够提高人口的遗传质量。这些信仰将会取代基督教成为泛神论者的独一教条。

到了十九世纪末，整个中欧已经遍布一元教团体。1906 年这些团体联合起来组成了由海克尔领导的一元教者联盟，其成员包括实证主义创始人恩斯特·马赫、很多信奉达尔文学说的科学家、现代社会学的创始人之一费迪南德·滕尼斯（Ferdinand Tonnies），和具有高度影响力的神秘学家鲁道夫·斯坦纳（Rudolf Steiner）。一些后来的德国共产党——还有纳粹——高层都是联盟的成员。海克尔是一个激进的民族主义者秘密团体图勒社团（Thule Society）的成员，后来成为希特勒副手的鲁道夫·赫斯（Rudolf Hess）也属于这个社团。二次大战之后，海克尔在共产党执政的德意志民主共和国中被歌颂为知识分子中的英雄。

对于这些人来说，一种进化的宗教是极具吸引力的。他们对基督教和犹太传统都有着强烈的敌意（许多人，包括海克尔自己，都明确表示反犹太教），他们想要一个现代科学和古代思维模式相结合的新宗教。海克尔相信有意识的思维基于古老的心理历程。还有一些与民族主义运动相关的思想家，他们渴望回到自己深信曾经存在过的“有机”文化，倡导民族整体具有灵魂的观点。Volk——语源上与英语词“folk”（民族）有联系——指的是不曾被批判性思维所侵扰的一个社群或一种生活方式。振兴这种想象中的民族世界意味着驱逐可能会扰乱民族平静生活的少数族裔，或者去除他们的特点。像一切乌托邦理想国一样，民族梦的实现需要对破坏性元素进行压制。

荣格正是从这里第一次获得了集体无意识的概念，它是一个原型意象的宝库，会作为梦境或幻觉浮现在头脑中。从无意识中提取它们表征的形象和神话成了荣格与弗洛伊德决裂后所提倡的心理治疗的目标之一。通过这一疗法，精神治疗师把病人与原型神话相连接，而不是由个体形成他们自己的神话。这些永恒的现实曾出现在诺斯替教义和炼金术士神秘的象征主义中，有可能会重新成为现代人心理的一部分。结果就是一种精神统一的状态，在此状态中，相互冲突的力量被吸收进了和谐的整体之中。

荣格的集体无意识的确切性质依然存在争议。荣格在他后来的著作中坚持认为，它是人类共有的，但是在他的一些早期著作里，他认为不同的人群具有不同的无意识心理。纳粹掌权后，柏林精神分析研究所被赫尔曼·戈林的堂兄马蒂耶斯·戈林接管。之后，荣格在柏林精神分析研究所的一次讲座中宣称“雅利安人的无意识——比犹太人的无意识具有更高的潜能”。

1936年荣格发表了一篇文章，题为“沃旦（Wotan）”，文中他把纳粹势力的崛起解读为古代狂暴之神的一次爆发。在文中，他不愿意承认德国正在发生的剧变，暗示这个剧变将是高度毁灭性的。1943年他的立场倾向了同盟国。荣格通过他的一个美国病人玛丽·班克罗夫特协调，成了美国情报人员。玛丽·班克罗夫特曾是一名舞台新秀，社交名流，艾伦·杜勒斯的情人。艾伦·杜勒斯当时是战略情报局瑞士分部代表，之后主管中央情报局。荣格因自身的能力扮演着纳粹领导人分析师的角色。实际上，按照一些说法，他起着情报交通站的作用。通过他这个渠道，美国能够与一些策划推翻希特勒活动的不断变化的势力保持联系。也许全部的真相不得而知，但是人们怀疑在纳粹统治的大部分时间里，荣格一直都在孤注一掷地赌博。

在一定程度上，荣格对纳粹的态度是由于自己的一个执念：现代人的灵魂需要一种新宗教来治愈。在这个方面，荣格与弗洛伊德的差异非常突出，不可调和。在 1910 年与弗洛伊德的一封往来书信中，荣格提出心理分析必须“把基督变回成占卜神藤”，弗洛伊德写道：“但是你一定不能把我看成一门宗教的创始人。我的目的并不是那么意义深远……我不是在思考宗教的替代品：这个要求一定是太理想化了。”

弗洛伊德与荣格不同，他从未宣称能治愈心灵。他认为身而为人的代价就是内在精神的分裂。在很大程度上，灵魂的分裂源于对欲望的压抑；但是弗洛伊德也从未想象压抑能够避免。任何一种文明的生活都伴随着本能满足的丧失。但是弗洛伊德认为，野蛮这个选择并没有什么吸引力。

如荣格一样，弗洛伊德也认为两次大战之间的欧洲陷入了大规模的精神混乱之中。而与荣格不同的是，弗洛伊德从未欢迎过这种发展。在此期间释放出来的力量不是从神话智慧的无意识宝库中显露出来的精神力量。它们是从内在克制解放出来的受压抑的冲动。如果没有经济崩溃带来的资产阶级生活毁灭，纳粹也许永远不会发展成它后来变成的可怕毁灭力量。但是对两次大战期间的许多欧洲人来说，纳粹由于承诺实现野蛮而具有积极的吸引力。弗洛伊德理解这种吸引力，但不意味着他也有这种思想。现代文明可能是病态的，但人类这种动物也是。拥抱疯狂并不会让灵魂完整。

荣格和弗洛伊德的差异不在于荣格赞美神话，而弗洛伊德想要让心灵摆脱神话，虽然有时候弗洛伊德确实想这样做。他们的差异在于对神话有着不同的理解。制造神话的冲动让荣格把人与精神境界相联系，而弗洛伊德则认为这是一种自然能力。如果说人类生活需要压抑，那它也同样需要神话。压抑不仅意味着抑制欲望的表达。社会突然分崩离析之后，结果导致的心灵上婴儿般的无助和疯狂的毁坏——这些都是人类动物想要通过遗忘所吸收的精神创伤。但是这种遗忘从来不能完全解决问题，也不是最终的解决之道。压抑的记忆会作为内部失调的症状被重新唤起。它们也会以神话的形式重现。

神话的必要性产生于弗洛伊德的人类心灵分层论。神话不是储存在宇宙仓库里的永恒原型。在我们这个时代，它们是流动的、转瞬即逝的——尽管可以瞬间让数百万人同时了解到它——但依然是高度个体化的。

不久将来的神话

刚过八点，克伦斯从宾馆露台望出去，望着正从巨大的裸子植物丛林后面升起的太阳。这片丛林密密匝匝，覆盖了污水处理池东边四百码开外的废弃百货商店的房顶。即使透过厚重的橄榄绿叶，他也能明显地感受到太阳残酷无情的力量。折射出来的太阳光直射到他裸露的胸部和肩膀上，他开始出汗了，抬手戴上了一副颜色暗沉的太阳镜保护眼睛。太阳的圆盘不再是一个界限清楚的球体了，而是放大成了椭圆，像一个巨大的火球，成扇形散开跃过了东边的地平线。它反射的光芒把环礁湖死气沉沉的浅灰色表面变成了闪闪发光的铜盾。不到四个小时后的中午时分，湖水看上去已经即将沸腾了。

在 J. G. 巴拉德（J. G. Ballard）的小说《溺亡的世界》（*The Drowned World*）开头，罗伯特·克伦斯医生从废弃的丽兹酒店的窗户望出去，远远地看着由于气候变化而变形的伦敦景象。

> 城市的大部分很久以前就消失了，只有中心商业金融区的钢架结构建筑在逐渐涌入的洪水中幸存下来。近郊的砖房和只有一层高的工厂在漂浮的泥沙流中完全了无痕迹。当这些建筑浮出水面时，如同巨大的森林突然跃入燃烧着的暗绿色的天空，让气候温和的欧洲和北美曾经的麦田感到窒息。难以穿越的高原有些地方有三百英尺高，生活着无数已经退回古生代的生物，它们激烈地相互竞争，让这里变成了一片噩梦的王国。联合国军事人员当年唯一能够通行的道路，就是位于过往城市上方的潟湖群。但是，现在连这些潟湖也被泥沙淤塞，淹没在了水中。

随着地球恢复到了遥远地质学年代的样貌，伦敦被淹没在了水下。在这个过程中，克伦斯的个人史也正在消失，如同前人类的景象取代了人类的记忆。

巴拉德并非第一个描绘伦敦沉没后景象的人。博物学家理查德·杰弗里斯（Richard Jefferies）的小说《伦敦之后：荒凉的英格兰》（*After London: Wild England*）中描写道，在想象的某次未来大灾难之后，城市已不复存在："老人们说他们的父辈们告诉他们，当土地无人照料之后，变化很快便发生了。伦敦灾难结束之后第一年的春天，到处都是一片绿色，接着全国各地都是一样的景象。"伦敦被一个大湖淹到了水下，野蛮接踵而来。一种新中世纪文明很快出现了，杰弗里斯暗示说——这个文明比已经消失的文明要更持久而高贵。巴拉德对突发气候改变后伦敦巨变的描述也是一个神话，但更加真实。他没有暗示更好的文明会出现，如果主人公穿越到过去，那他看到的不会是前现代的梦想世界，而是人类存在以前的世界。

巴拉德叙述了自己小时候在上海的经历——当时上海是世界上最发达的城市之一。那个被淹没的世界就是现代世界的真实情景。废弃的酒店，遗弃的办公大楼，还有排干水的游泳池，这一切描述都是作者在日军侵华后的上海所亲身经历过的。巴拉德曾说，他花了二十年忘记这些经历，又花了二十年将它牢牢记住。

对于《溺亡的世界》的主人公，行星回到不宜人居的早期地质时代并不完全是一场灾难。巨变抹消了他个人的记忆，把他从恼人的身份中解放出来。当克伦斯的过去被擦除，记忆的景色被抹掉之后，他就能够成功地与自己的前人类本性建立起联系。这些都不是荣格的永恒原型，而是他的神经系统中内置的地球过去的痕迹。无论这些痕迹是神经系统的物质结构，还是主人公无意识的表象，都没有什么关系：它们都表明，在创造性地应对人生巨变时，作为生物的人类抛弃了自己的个性。

在故事的结尾，克伦斯走向丛林，在墙上草草留下一条信息，他知道没有人会看到。

第 27 天，休息了一会儿，现在向南走。一切顺利。

克伦斯

作为对创伤的回应，巴拉德发展出了他个人的神话，他发现，在创伤中，看似最为持久的人类生命可以在一瞬间消失。在回忆录《生命的奇迹》（*Miracles of Life*）中，他回忆起在日本人占领上海之后，有一次他与父亲骑自行车，中途停在德尔蒙特夜总会前，他看到“沉寂的游戏厅里轮盘赌的桌子歪倒在地，地板上满是碎玻璃和筹码。贯穿整个赌场的长长吧台顶棚砸在镀金雕像上，华丽的枝形吊灯从天花板上掉了下来，斜躺在瓶子和旧报纸的碎片之中。灯光昏暗，到处闪着微弱的金光，这个被遗弃的赌场变成了《一千零一夜》里的神奇洞穴”。

这些景象含有寓意。空空的赌场“对我有更深的意义，即：现实本身就是一个舞台布景，任何时候都有可能被拆除，任何东西不论看起来有多么宏伟壮丽，都可能被扫进垃圾堆中成为过去”。破败的赌场暗喻社会是一个临时搭凑的舞台布景。“我还感觉到，赌场就像它后面的城市和社会一样，当挤满赌徒和舞者时才更真实，更有意义。”上海的沦陷告诉巴拉德，人类生命中的一切都是暂时的、临时的，同时向他显示了一样永久的东西——人类在其中扮演各自命运的非人景象。

神话的力量就是从意义的残骸中制造意义。巴拉德的神话把儿时创伤的碎屑变成了金子；把曾经是丑陋和无意义的东西变成了可爱和鼓舞人心的东西。这种转换不是荣格漫步在中世纪的炼金术某种与世隔绝的过程中凭空发生的，而是以一种完全自然的方式产生的。

当然这个过程不是有意识的，神话不是有意创造出来的——即或是，结果也会像尼采的超人神话一样，力量来自膨胀的幻想。真正的神话是对幻想的矫正。想想伊卡洛斯的故事，他试图戴着蜡做的翅膀逃离地球，飞向天堂，但是由于飞得离太阳太近，蜡做的翅膀融化，他也随之死去。再想想普罗米修斯，那个从宙斯那里偷盗火种的人类卫士，他被宙斯惩罚绑在一块大岩石上，终日遭受老鹰日夜啄肝的痛苦。这些都不是为了让人们安心而编出的故事。它们蕴含着与狂妄有关的真理。伊卡洛斯和普罗米修斯就该受惩罚。

现代神话并不认可希腊神话里包含的真理，但是并不是所有真正的神话都是古老的。当今，神话实际上可以随时发生：24 小时不间断的新闻和互联网可以快速传遍全世界，像病毒一样在几分钟或几小时内进入亿万人的大脑。这些是真正的神话，还是批量生产的幻想？有时候它们两者都是。最近几年，抵抗暴政的形象通过大众传媒传播到了世界各地，其中许多都是抵抗者自己用手机拍摄的。感动抵抗者的革命神话曾一度通过新闻媒体得以加强。但是，神话只有在信奉者将其付诸实践时才存在。民众暴动一般都会经历从反叛，到无政府状态，再到新一轮暴政的过程。革命神话只有在被新的阴谋背叛神话取代之后才会消散。

神话不是冰封在某个不合时宜的地方的永恒原型。它们更像脑子里演奏的一段乐曲。似乎不知从何而来，和我们共度片刻时光，然后又飘然而去。

特隆和没有两个下午的历史

"我把乌克巴尔的发现归功于一面镜子和一部百科全书的结合。"这是博尔赫斯（*Borges*）的著名小说《特隆，乌克巴尔，奥比斯特·蒂乌斯》（*Tlon, Uqbar, Orbis Tertius*）的开头语。小说 1940 年在阿根廷首次出版，讲述者——其实就是博尔赫斯本人——告诉我们，特隆世界的发现纯属偶然。整个事情源于对一个无名宗教派别的兴趣，讲述者查阅了《英美百科全书》（原封不动地抄袭了1902年版《大英百科全书》，虽然抄得有点晚了），想找到更多有关这个宗教派别和它活跃的大概位置，偏远的乌克巴尔地区。百科全书没有乌克巴尔的词条，但是讲述者的一位朋友给他带来了另一本百科全书，《大英百科全书》的第四版。这一本百科全书多了四页，其中包含了乌克巴尔的词条，“对每个诺斯替教徒来说，可见的宇宙是一个幻觉，或者，更准确地说，是诡辩。镜子和父亲是令人憎恶的，因为它们不仅让这种幻觉变得更多，而且还将它显示了出来。”查阅其他的版本后，讲述者发现这几页都不存在。后来，在他父亲的一个朋友去世几个月之后，他找到了另一本书：《第一本特隆百科全书》第十一卷：从Hlaer到Langr。这个朋友在去世的前几天才收到。这本书没有出版日期和地点，让讲述者产生了一种“略微吃惊的眩晕感”：“现在我手里拿着一个不明星球的巨大而又系统的历史碎片，有建筑和纸牌，有令人恐怖的神话和它发出的喃喃细语，它的矿产以及飞鸟和游鱼，它的代数和火焰，它有关神学和超自然的辩论——所有这一切结合在一起，清晰流畅，没有任何明显的宣传教义的目的或拙劣模仿的痕迹。”

这个发现引起了一场对其他卷本的搜寻，尽管没有成功，但是讲述者对它们的存在深信不疑。他推测，在失踪的卷册里描述的特隆“勇敢新世界”是“由宇航员、生物学家、工程师、精神治疗师、诗人、化学家、代数学家、伦理学者、画家、几何学家等等组成的一个秘密社团的产物，……由一些天才的影子人物引导和管理着”。讲述者写道，“刚开始以为特隆世界只是一团混沌”，“是一个富有想象力的人的不负责任的行为；如今我们知道了那是一个宇宙，统治这个世界的最隐秘的规律早已经系统地定下了，不管这些规则是多么不能持久。”

特隆的一个特点就是它所有的居民都是“天生的唯心主义者”。在他们的思维方式中一切都预设为唯心主义——在这个人生观中，世界不是由独立存在于任何人的知觉之外的实物构成，而是由思想构成。特隆世界是英裔爱尔兰哲学家乔治·柏克莱（George Berkeley，1685-1753）构想出来的，在这里，我们周围的实物只有被我们感知到时才存在——除了在上帝的心灵中以外，当我们没有感知到这些实物时，正是这个心灵维持着它们的存在。在特隆的语言里没有名词，因为没有能够在时间中持存的物质，只有一系列的行为或事件。在这种情况下，“科学归于空虚”，逻辑也毫无用处。

在这种世界里，哲学是“幻想文字的一个分支”，因为每种哲学按照定义都是一种辩证的游戏，是一种“仿佛的哲学”。“特隆的形而上学家寻求的不是真理，甚至不是真理的表象——他们寻求的只是惊奇，震惊。”思想体系已经增多到了不可计数的地步，但最得特隆哲学家欢心的，正是不协调的秩序表象。

这本书最后是一篇后记，自述写于 1947 年，其中“特隆的秘密已经完全阐明”。1941 年发现的一封信证实了这个假设，即：特隆世界是由“一个善意的秘密团体”在十七世纪初创造的，之后乔治·柏克莱加入了该组织，十九世纪初又有一位避世隐居的美国自由思想家和奴隶制度的维护者加入。后者首次提出要编写一部关于这个幻想星球的大百科全书，而且愿意资助这一事业，“只要它与伪耶稣基督没有任何干系。”

这个自由思想者“不信上帝，但是却想向不存在的上帝证明凡人同样能够构想和塑造世界”。

到1914年全书编纂完成，秘密社团的三百名成员收到了四十卷的最后一卷。接下来，又一个更加雄心勃勃的计划出台了，用星球上的其中一种语言写有关星球的研究，书名《奥比斯·特蒂乌斯》。1942年，来自特隆的一些物品开始出现，人们发现了一个指南针，蓝色的指针指向北，刻度盘上的字母属于特隆的一门语言。“这是奇幻世界特隆对真实世界的第一次入侵。”几个月之后，“一些小小的，但是重得难以置信的（不是用这个世界的金属制成的）锥形体出现了。讲述者告诉我们说“这是特隆某一地区的神祇的形象。”其他特隆人的物品也会渐次出现，逐渐侵蚀着人类世界的秩序。

讲述者断定“与特隆的接触正使这个世界分崩离析”。人类会很高兴由特隆掌管我们这个世界。特隆的入侵——“人类打造的迷宫，注定由人类直接破解”——这似乎表明人类心灵可以创造秩序。紧接着，现实不止在一点“凹陷坍塌了”。真相是，现实想要坍塌。“十年前”——三十年代末，博尔赫斯构想并写下了这个故事——“任何对称，任何表现出秩序的体系——辩证唯物主义、反犹主义、纳粹主义——都可以迷惑并催眠人类。这个世界又怎么会不折服于特隆的魔咒，折服于关于它的这样繁多而翔实的证据呢？”

作为人类对秩序梦想的象征，特隆先是提出了一种逃离混乱的方法，然后像基督教和之后的人文主义者一样，创造了更大的混乱。宗教和世俗的信徒们说，这混乱源于有罪、可错的人类误用了自己的信仰。如果特隆之道不能为人类生活带来秩序，那是因为人类并不适合生活在特隆世界。特隆世界的秩序只存在于百科全书，一件人类的创造物之中。现实中——特隆的虚幻现实——世界是混乱的。博尔赫斯向我们说道，特隆是由一系列互相独立，不可归约，绝对的不同而又毫无关联的东西构成的，超脱于逻辑因果之外。特隆也不能免遭理性的脆弱。如弗洛伊德指出的那样，不光是灵魂隐秘的运作方式并不遵循逻辑，而且逻辑本身就是一个虚幻的建构：任何想要达到清晰明了、自我一致的思想体系，最终都免不了坠入模糊不堪、自相矛盾的深渊。特隆的混乱不是偶然。实际上，特隆的混乱就是人类思想的混乱。

想象有这样一个世界，在这个世界里，人类不痴迷于秩序的虚幻，也正因为此，这个世界不那么混乱，这可能吗？博尔赫斯在一首诗《本可能存在之事》（*Things that Might Have Been*）里提出了这个问题。

我在想那些本可能存在，但从未存在的事物
比德[1]漏掉的撒克逊神话
但丁在改完《神曲》最后一句时
本可能瞥见的匪夷所思的作品
还有砍掉了两个下午的历史：
一个是毒芹的下午，一个是十字架的历史。

博尔赫斯认为两个虚构塑造了西方的历史：钉死在十字架上的耶稣，以及饮下毒芹汁的苏格拉底。这两个人的死看似千差万别，其实传达了同样的确证。耶稣是上帝的化身，永恒的存在，而苏格拉底（如柏

1. 比德（Saint Bede，672—735），盎格鲁—撒克逊神学家、历史学家，对神学、哲学、历史、自然科学都有相当研究，主要著作为《英格兰人教会史》。

拉图所说）掌握了通向永恒理念的方法和能力。他们的生命是逻各斯，也就是秩序法则，在历史上的实现。

确实，没有那两个下午，历史无疑会大不相同。但是生命依然会受到虚幻的支配。人类发现自己身处一个无法理解的世界时，总是会为自己创造出想象的世界，而这些世界正如特隆一样，同样是无法理解的。

词语和灰烬

“寻找宇宙的整体计划很难，因为这个计划根本不存在。宇宙只有一部分是有秩序的，其余只是灰烬。”这个观点的作者——诗人 T. E. 休姆（T.E. Hulme），一生只发表了六首诗。1917 年他死于弗兰德斯前线的战壕里，在此之前的十年里，他创作了一系列关于哲学和语言的作品。这些作品锋芒毕露，支持一种很彻底的唯名论。这一观点认为，只有个体是存在的，语言将个体归拢在一起只是为了实用的目的而已。与它对立的观点是实在论，认为事物的自然类别是抽象观念的反映。

唯名论和实在论的差异并非故纸堆中哲学家们的争吵。它表达了用不同的方式看待人类世界的各种思想倾向。许多人认为世界像一本书。书页也许破旧，沾着墨迹；我们也许会发现有些页面缺失了，或者把书忘在出租车上，但是只要我们能读完，我们就会理解身处的这个世界。

休姆不这么认为。在动笔于1906年至1907年的一系列笔记《灰烬》（*Cinders*）中，他写道：永远不要在书本中思考：里面是大写的“真理”等等；要到剧院中去思考，去观察那些观众：这就是小写的现实，这就是人类动物。听着英雄主义的话语，然后看看挤成一团鼓掌的男人们。一切哲学都不外乎于此。不是先有世界的统一性，然后再把人放进去；这就是关于人类动物本身的，而哲学只是帮他们提提胃口。

人类是一种为自己创制了符号的动物。符号是很有用的工具，因为可以用来帮助人类处理他们不了解的世界；但是，人类有一种根深蒂固的倾向，那就是在行动和思考的时候，他们仿佛会觉得自己用符号创造的世界真的存在一样。他们的思想——他们喜欢思考——是建立在宇宙模式的基础上。许许多多的哲学和宗教都不外乎是对这种幻想的合理化。

休姆提出了另一种观点：“真相是没有什么终极

原则的，建立在它基础上的全部知识都稳如磐石，永恒存在。但是无穷无尽的类比会一直帮助我们，当我们感知到它们时，它们就会给我们一种能够战胜混乱力量的感觉。这个领域是无限的，而且此中蕴藏着创造的机会。在这里，太阳底下有新事。”

人类动物不是存在于这个世界之外或者在这个世界之中缓慢地进化的某种高级的事物秩序的不完美体现。“人类是混乱的，既是高度组织的，但是又很容易随时恢复到混乱状态”。世界并不是我们还不了解的和谐体。“眼见之物，世界之美，都来自粪土。人类终归浮尘。世界的面貌也会归为最初的灰烬。”道德学家和逻辑学家们告诉我们，他们制定的法则不只是为人类社会而定的——他们描述的是独立于人类的东西，某些更绝对的东西。然而，休姆认为，“绝对不是被描述为完美的东西，而是本质上不完美、混沌、灰烬般的事物——如果它存在的话（甚至这个观点也不是最终的，而只是暂时用来满足人类的类比和需求。）”人们大谈人类进化，仿佛人类曾经坚信，后来又抛弃的世界观，只是通往一个无所不包的普遍世界观的一个步骤而已。但是世界观就像花园一般，很容易被坏天气毁坏。“大自然的统一性就是一个异常虚假而又脆弱的桥梁，一个园林之网。”人类的观念只是在废物堆里暂时清理出的一片净土罢了。“观点就如同供人们居住的小屋。”大部分时间，灰烬是看不见的。但是灰烬一直存在，不曾离开。文明建造在灰堆之上。“在一个高度组织化的城市里很难看到土的灰烬，它们都被打扫干净了。但是很容易看到精神上的灰烬。唯名论者称它为机器的杂质，我则称其为机器的要素。”

休姆对人类动物的看法是古典的，而与之相对的则是浪漫主义的。按照浪漫主义的观点，人类只是无意中成了有限的生物：他们的发展潜力是无限的。按照古典的观点，人类本质上是有限的；人类的潜能是固定和有限的。“简单地说，有两种观点。一种认为，人类性本善，环境毁坏之；另一种，人类性本限，是秩序和传统将其训练为体面的生物……一种观点把人看作一口井，一座水库，充满了无穷的可能，我称其为浪漫主义的观点；把人看作有限和不变的生物，我称其为古典的观点。”

这两种观点各自都有诸多变体。休姆所说的“古典”观念看上去可能是反宗教的，至少在“人分有神性”这一点上是如此。但是，有些宗教已经认识到了人类的不完美——比如基督教的原罪论——那么它也就表达了古典观点。休姆认为浪漫主义是宗教的冲动：“按照理性主义歪曲的逻辑，你的天性是被压抑的……本能在宗教中找到了适当的发泄通道，并以一些其他方式表现出来。你不信上帝，因此你开始相信人就是上帝。你不相信有天堂，所以你就开始相信在地上就有天堂。换句话说，你有浪漫主义精神……那么，浪漫主义就是溢出的宗教，这是我所能给的最好的定义。”

但是，理性主义者，包括科学狂热分子，同样认为人类有着无限的发展潜能，他们认为知识的发展使得人类动物克服了自然界的局限。因此，不仅人类能够超越本性的浪漫主义观点是从基督教中溢出的，按照休姆的逻辑，理性主义也是溢出的宗教——这其实也是真的。

休姆是二十世纪早期流行的意象派诗歌创始人之一，这些诗人还包括福特·马克多斯·福特（Ford Madox Ford），艾兹拉·庞德（Ezra Pound），F. S. 弗林特（F.S. Flint）和“H·D”（希尔达·杜利特尔

Hilda Doolittle）并影响了后期的诗人如 D.H. 劳伦斯（D.H. Lawrence）和威廉·卡洛斯·威廉姆斯（William Carlos Williams）。意象主义诗人瞄准的是某种特定的精确——不是对物体的精确描述，而是对特殊印象的精确演绎。在他们看来，日常语言是一系列长期习惯所形成的妥协。如休姆所说：

> 伟大的目标是准确，精确和确定的描述。首要的是认识到这是多么困难。这不仅仅是细心的问题：你得使用语言，而语言依其本性是一个公共事物；也就是说，它所表达的从不是确切的事物，而是一种折中——即，对你、我、每个人都很平常的东西。但是每个人看这个事物的时候又略有不同，为了清晰确切地把他之所见描绘出来，那么不论是在词汇还是其他艺术技巧方面，他必须与语言进行一场艰苦的斗争。语言有其自身的特性。只有通过你能掌控的思想，全神贯注地努力，你才能使之用于自己的目的。

与语言斗争的结果可能会是一种“艰苦的，实在的，经典的篇章”，它用一种崭新的方式来渲染感觉。他的诗《秋》(*Autumn*)将他的想法很好地表现了出来：

秋夜，微凉
我漫步在田野
红润的月亮依靠在篱墙之上
像一个农夫，红红的脸庞
我没有驻足，只是点头致意
月亮的四周是充满渴望的星星
脸色苍白，
像城里的孩童模样。

意象派诗人对待语言的方法引发了一场诗歌的革命。但是像意象派诗人那样看待事物，改变的实际上不只是韵文技巧。在休姆看来，这意味着一种对待世界的态度，包括当他视为更高价值的东西处于危险时，要时刻准备着为之牺牲自己的生命。在1914年8月第一次世界大战爆发之后，他入伍当了一名二等兵。在战壕里的经历让他更坚定了自己的观点，即世界是混乱的："很奇怪的是，我想到了战壕之间的空地，白天谁也不会去看一眼，因为只有天黑时穿过才安全。这块空地上满地尸体，到处是死去的动物，死后没有掩埋的动物，炮弹爆炸后烧焦的马骨。真是很奇怪战争后期才想起这块地，那时候在白天也能看见了。"

休姆负伤了，在英国养伤期间他以"北杖"的名字发表了一系列支持战争的讽刺文章。他的主要靶子是反战人士伯特兰·罗素（Bertrand Russell），后者的思想当时近乎和平主义。休姆呼吁对价值的需要，但不是那些理性主义、功利主义伦理所认同的价值需求：尽管他对沙文主义不感兴趣，却坚持对"英雄主义的，悲剧色彩的伦理价值体系"——"超越生活"的价值的需求。与其反理性主义的观点相一致，休姆也认为这些论点不能证明当下冲突是正当的。"我反对罗素先生道德说教的所有论证也许是真的，然而同时，这场战争可能是历史上一场最愚蠢之事。"

休姆事后的思考是有预兆性的。1916 年 5 月他在英国皇家海军陆战队的一个委员会任职，返回到前线之后的 1917 年 9 月，他就被炮弹炸死在战壕里。作为战争结果的欧洲文明——这个他坚信自己以某种方式捍卫的东西——最终堕落成了一种野蛮，这是休姆无论如何也不可能想到的。

无神的神秘主义

> 我将再一次试图说出不可说之事，用我贫乏的语言向笃信怀疑论的、唯名论的神秘主义的异教徒们表述我不得不说的话……世界不会存在两次。没有无世界的上帝，也没有无上帝的世界。这个信念叫作泛神论……为什么不能？它们毕竟只是词语。自我在最神秘的狂喜经验中成了上帝。为什么不能？我该为词语争吵吗？十年来我一直在教导人们：自我的感觉是错觉……这些只是哲学词汇的排列吗？语言的游戏吗？不。我所能体验到的不再只是语言。短短的几个小时，我能感到我不再知道有关个体化原则的任何东西，感到在世界和我自己之间不再有差异。

这段文字的作者是多产的作家、哲学家弗里茨·毛特纳（Fritz Mauthner，1849-1923）。如今人们还记得他，主要是因为维特根斯坦在《逻辑哲学论》（*Tractatus-Philosophicus*）中有一篇直接针对他的话："所有哲学都是'语言批判'（虽然不是毛特纳意义上的）"。部分由于这句轻蔑的话，毛特纳对二十世纪的哲学几乎没有产生什么影响。

毛特纳出生于捷克西部波西米亚地区的一个小镇，在布拉格长大，同时会说捷克语、德语和希伯来语。与跟他差不多同时代的维特根斯坦一样，哈布斯堡王朝末年精微灿烂的智识文化造就了他，维特根斯坦许多造成巨大影响的观点都借鉴于他。当维特根斯坦把语言批判比作爬梯，转而又把语言比作一座古城或一场游戏时，他正是在重复毛特纳的三卷本《语言批判》（*Contributions to a Critique of Language*）前三十页的构想。然而毛特纳的作品与维特根斯坦的作品所带动起的哲学类型完全不同。在许多方面，维特根斯坦站在了他从中汲取了很多观点但被世人遗忘的前辈的对立面.

毛特纳虽然被哲学家忽视，但他的语言学研究对文学产生了较大的影响。塞缪尔·贝克特（Samuel Beckett）——二十世纪的最专注于把语言用到极致的作家——三十年代末期还在读毛特纳的《语言批判》，还做了大量丰富的笔记（他还把有些笔记读给詹姆斯·乔伊斯听），而且四十年后，乔伊斯的书架上依然放着毛特纳的三卷本著作。贝克特在 1978 年的一封信证实，毛特纳的批判论对他的作品有很大的影响，贝克特在信里写道：

> 对于我来说可归纳为：
> 思考的话语
> 空洞的话语
> 空洞的思考
> 这就是我的轻浮

贝克特第一次读到毛特纳时，就把感受详细地记录在了随身携带的笔记本里：

> 我们无可奈何地感觉到，理性不是赋予人类的神奇礼物，不是不变和永恒的神物，理性在人性中进化并发展成了它现在的模样，然而，它也有可能发展成不同的样子……作

为有智能的存在，我们坚守的永恒、不变、固定的法则只不过是偶然的世界的一场游戏；一旦我们认识到我们的理性（归根到底是语言）只是一种偶然而已，那么看着人类学家们为着习俗、信仰、集体心理的“事实”争得面红耳赤时，我们就只能付之一笑了。

毛特纳作品的影响在小说《瓦特》（*Watt*）里可能展现得最为清晰。写这本小说的时候，贝克特还是法国抵抗组织的一员，正忙着逃避盖世太保的追捕。小说出版于 1953 年，主题是沟通的困难和知识的不可能。但是，在贝克特的这部作品中，毛特纳对语言的怀疑贯穿始终。毛特纳的书中最后一句话说，“纯粹的批判只是清晰的笑声。”贝克特一生与语言的斗争终归于笑声——戏剧中的嘲弄和哄笑，以及后期散文中经典的妙语——都最终归为“一切背后的沉默”。

像毛特纳的作品一样，贝克特的作品也试图诉说不可说之事。他在一封信中表达了与毛特纳同样的观点：“在通向这个我最渴望的没有言语的文学之路上，一些唯名论者的讽刺也许是必要的驿站。”沉默意味着让内心独白平息。这种独白为具有自我意识的人类所独有——这一点值得存疑——而且经历过无数次的语言实验沉默。既然人类不能生活在沉默之中，这种任性的文字游戏只是一种荒唐事。贝克特死前几个月住在养老院里，当时正写着一部最终未完成的作品，其中一篇承认：

愚蠢
愚蠢而为
为两件事
由此愚蠢——
一切都愚蠢
言语是什么——
言语是什么

如果贝克特的作品主题是沉默，不是因为他认为沉默会带来平静。如毛特纳所说：

由于需要平静，在追求知识的过程中，人类心灵每每受到海市蜃楼的诱惑，仿佛在

> 沙漠中看到了休憩之所；学者们相信他们的语言根基。无论在何时何地，特定时刻的科学始终是可怜的人类精神对休息的深切渴求。只有批判——不论在哪里，甚至在更低级的头脑中，都是生机勃勃——不会休息，因为它不能休息。它必须粗暴地唤醒科学，消除它对绿洲的幻觉，驱使它沿着炙热的，充满死亡，而且可能没有目标的沙漠之路一直前行。

维特根斯坦的目标正是毛特纳描述的那种歇息之地，甚至在《逻辑哲学论》中也是。维特根斯坦似乎期盼着一种治疗性的哲学，能够解除他的怀疑。在后期作品中，他不断地反驳怀疑论，但不是通过提出另一种哲学立场——后期维特根斯坦被认为没有哲学立场——而是通过宣称怀疑论的根源是对语言的错误理解方式。日常语言是一种被需要和被允许的生活形式——并没有超出生活本身。人类生活在他们自己创造的世界中。平静——维特根斯坦幻想的在他放弃哲学后所能够享受的平静——就是接受这个人类世界的本来面貌。

毛特纳的作品也有治疗的目的，但不是通过停止怀疑来发现平静。像休姆和贝克特那样的激进唯名论者一样，毛特纳也想解开心中词语的控制。他想要跟随冲动，无论它把自己引向何方，而不是尽力压制超越言语的冲动。他关于神秘主义的文章已经表明冲动把他引向了何方。作为坚定的无神论者和四卷本无神论思想史的作者，毛特纳注意到，“无神论”——就像“上帝”一样——只是一个词语。他的无神论与他或我们的时代的福音派教会的无信仰没有任何共同之处。无神论之于不信仰和宗教之于有信仰，从纯粹的形式来看没有什么区别。从严格意义上理解，无神论是一个完全消极的立场。如果你否认有神论者肯定的东西，那你不是一个无神论者。如果你厌恶有神论的概念和教义，你就是一个无神论者。

这种严格的无神论与消极的神学有一些共同之处，后者否认上帝能够在观念和信仰里体现出来。毛特纳钦佩埃克哈特[1]大师，一个十四世纪的基督教神秘主义

1. 埃克哈特（Johannes Eckhart，1260—1327），德意志神秘主义神学家、多明我会修士、神学教授，认为“存在即神性”，其学说中有些论点被教皇定为异端，通称 Meister Eckhart。

者，他在遭受宗教法庭审判之后莫名其妙地死了。埃克哈特大师是一个真正的无神论者，他坚持有关上帝的一切都是不可说的——甚至上帝的存在也一样。

消极神学家使用语言的方式正是毛特纳认为语言应当被使用的方式：指向某种不能用语言表达的某物（不是任何普通意义上的东西）。如果只有能用语言把握的才是真实的，那么上帝就是非真实的。但是按照这种方式，非真实的不仅仅是上帝，包括“物质”和“人性”在内的一切普遍性词汇，这些不信教者的教义问答中所用的典型词汇同样是不真实的。无神论并不意味着拒绝“信仰上帝”。它意味着，不相信语言除了使用便利工具还能是任何别的什么东西。世界不是语言的产物，而是某些——如消极神学家心目中的上帝——是脱离语言之物。无神论只是通向更深层怀疑论的一个阶段。

毛特纳把这种——“只是为了拥有语言符号”的观点称为——无神的神秘主义。他试图清晰表达的东西不能用语言表达出来。这并不是说没有要表达的东西。在《逻辑哲学论》（7.7）中，维特根斯坦提出了一条著名的宣言，“对那不可言说之事，人们就必须沉默。”考虑到维特根斯坦后来提出的语言观，他根本就没有什么可沉默之事。另一方面，对毛特纳来说，不能言说之事要比能用语言表达的任何事情都要重要。

无神的神秘主义者并不指望把自己融入他们想象的更广大存在中去，而是抹掉他们不存在的自我。用约翰·阿什伯里[1]的话就是：

在沙漏中
沙子狂流。
但是时间
会改变，会完全摧毁
隐藏在玻璃瓶中
那太过熟悉的影像
每天早上，在镜子的边上

1. 约翰·阿什伯里（John Ashbery，1927—），美国最有影响力的诗人之一，后现代诗歌代表人物。其诗集《凸面镜中的自画像》获得美国国家图书奖和普利策奖。

第三章

另一种日光

那些灰色的碎片正萧萧而下？

它们是太阳的颗粒。你睡在阳光里

影子比狮身人面像还长，却并不因此更智慧。

——约翰·阿什伯里

浸透光线的棱镜

“凉凉的空气中满是干草和鲜花的香味。八哥和画眉鸟在歌唱。游隼依旧稳稳地飞向远处的树林，爪子下抓着一只撕碎了的黑色雨燕。这个地方与两个小时前比已大不相同了。我们称为‘地方’的神秘本质并不存在。地方变了。它的运动被思想杀死了，封存在记忆的琥珀之中。”这种关于“地方”（place）的本质的思考突然进入了J. A. 贝克的脑海，他花了十年时间在英国东南部的埃塞克斯观察鸟类。在《游隼》（*The Peregrime*）一书中，J. A. 贝克记录了他对于游隼的追踪观察。“十年来我追踪着游隼。我为之着迷，它是我梦寐以求的东西。”虽然贝克逐渐了解了大量的有关鸟类的生活方式，但是他不是普通意义上的鸟类观察者。他也不是一个猎人，尽管他写到游隼捕食时他与游隼在一起。“今年冬天，游隼到哪里，我就跟到哪里。我要和它分享捕猎的恐惧、欣喜和乏味。我将会一直跟随它，直到我掠夺成性的人形不再让它那如晃动的万花筒般晕染着斑斓色彩的明亮深眼窝因恐怖而暗淡。我这颗异教徒的心将会深深沉入冬日的土地，并在那里得到净化。”

贝克在这本书里把十年的时光浓缩成了仅仅一个冬天，经常被解读为一部描写自然的作品。大部分此类作品都旨在报告观察自然界的结果，但这本书与它们截然不同。贝克的目的更激进。《游隼》是一篇对自由的颂词。在观察这种鸟飞行时，贝克身上的自由感被唤醒了；不仅如此，作者还努力通过鸟的眼睛，把观察到的自然风景记录下来。他跟着游隼不是为了观察游隼，而是试图摆脱人类观察者的视角。

有时候贝克感觉仿佛他已经脱下了人类的身份，变成了一只鸟：

我闭上双眼，尽量把我的意志转移到游

隼炯炯有神、棱镜般的眼睛中。坚定地站在充满阳光味道的草地上，浑身暖洋洋的，我沉入了游隼的皮肤、血脉和骨骼里。大地成了我的脚趾，我眼睑上的阳光沉重又温暖。我像游隼一样，听见了人声，并像游隼一样讨厌人声……我感受到了来自北方的引力，感受到了迁徙的海鸥的神秘和魅力。我也有着这种奇怪的迁徙的渴望。我沉落下来，进入了游隼那羽毛般轻盈的梦乡。最后我醒了，它也醒了。

在追逐游隼的过程中，贝克丢掉了自我。

我的眼睛快速地四处张望，对人类移动的脑袋异常警觉。我下意识地模仿着游隼的举动，如同在一些原始仪式中那样：狩猎者变成了猎物。我向树林里看去。在一个隐秘的巢穴中，游隼蜷缩着，双爪紧紧抓住枯枝前端，望着我。我们在野外过着既欣喜若狂又担惊受怕的日子。我们躲避着人类。我们讨厌他们突然抬起手臂，疯狂欢呼的姿势，讨厌他们古怪的剪子开合般的步伐、他们漫无目的的蹒跚，还有他们像墓碑一样惨白的面孔。

在他的另一本书《夏日的丘陵》（*The Hill of Summer*） 中，贝克记录了与一只狐狸身份交换的相似经历：

我来到一片阳光普照的空地上，地面上出现了好几个长条形的阴影……一簇簇蕨类植物发出沙沙的声响，一只狐狸突然出现在我面前窄窄的小路上。我的气味对它来说，一定比狐臭对我要刺鼻得多，但是好久它都没有反应。它缓缓地移动着，好像在思考，也许还没有从昼眠中完全清醒过来。它的脸上浅黄色和白色相间，琥珀色的闪亮眼睛略显暗淡，看着它的脸，我似乎感觉到狐狸柔软的面部穿过了我的身体。我闻到了它恶臭的呼吸，感觉到它一刻不停地四处乱嗅的鼻子，这些强烈刺激的气息笼罩在我身上，简直让人不堪忍受。狐狸面部下的我窒息了，仿佛我就是它的巢穴，它的庇护所。然后这种奇怪的感觉逐渐消失；狐狸又在那里了，在我前面一码远的地方。看得出来它根本没有把我当作自己的敌人，慢慢地走过我，消失在蕨丛中。

除了农夫和猎人——贝克只是远远地听到过他们的声音——贝克是两本书里唯一的人类，而他也很少在书中出现。从所知甚少的一点信息中可以看出，他的公开生平似乎一直平淡无奇。他的父亲是一名制图员，在当地一家工程公司上班。他在有生之年（1926—1987）都生活在切姆斯福特（英格兰东南部的一座城市）。他十六岁就离开了学校，也从未上过大学。从他给一个朋友的信件中可以知道，他做过各种工作，大多数都是临时的，包括在大英博物馆推过几个月的小平车。最终他当上了当地汽车协会的经理，然后是碧域饮料公司仓库经理。尽管他为汽车协会工作，但是从未学过开车。他在切姆斯福特周边的乡下对鸟类的观察是骑着自行车进行的。他对游隼的追踪观察从五十年代中期一直到六十年代中期，观察日记的一部分发表在《贝克全集》（*Complete Works*）中。在他发表《夏日的丘陵》时，类风湿关节炎正让他失去行走的能力，但是在妻子多琳（他和她结婚31年，而且《游隼》就是献给她的）的帮助下，他继续进行着鸟类观察，她开车把他送到乡下，一个他能坐和走动的地方，晚上再把他接回来。他最后死于治疗关节炎导致的癌症。

当贝克观察游隼的时候，切姆斯福特四周的风景也从不同的角度向他展现出来。“我试图把这鸟的美丽和它生活的这片土地的神奇传递出去，这片对我来说就像非洲一样资源丰富而又灿烂辉煌的土地。”视角的转换揭示出了一个全新的世界。

向下看去，游隼看见下方的大果园缩成了几条密密的深色细线和绿色条纹；黑色的树林连在一起，延伸出去，越过了丘陵；绿色和白色的田地变成了褐色；银带般的小溪和层层盘绕的河流缓慢向远处伸展开去；整个溪谷逐渐变平变宽；远处的地平线上点缀着几座城镇；河口抬起了它蓝银色的嘴巴，绿色的岛屿就像是它的舌头。再远处，所有一切的后面，它看见大海直直的，好像漂浮着的海岸线，给褐色与白色的大陆镶上了一圈水银。大海随着水面的上升释放着它的能量，放射出汹涌的光浪，向深居内陆的游隼呼唤着自由。

贝克所了解的乡下——“让一切悲伤都变得麻木的昏暗、单调、荒凉的土地”——变成了一个新世界。“游隼像船员一样，生活在一个没有羁绊，也没有定所的世界，一个无眠的、左倾右斜的世界，一个陆地和水域交替消失的世界。我们这些固定的、困在土地上的人是不能想象这种眼光会带来何种自由的。”

贝克写道：“最艰难之事，就是看出那里真正是什么。”他的所见之处随着光线变化时隐时现。“这个地方的精髓真是让人难以捉摸，它逃进了周围的空气之中。然而好像有些什么东西在美景的边缘哈了一口气，景色看不清了，仿佛就要下雨的样子。雨轻轻地碰了一下感觉就离开了。远处的果园似乎还存在，一棵棵大树泰然自若。但是一走进去，整个果园马上急速分开，分开成一棵棵的树。”阳光也不会错过一成不变的地方，它越过叫不出名字的景色，显现出眼睛可以看到的地方。“当太阳西沉的时候，冷空气从地面升起。光线越发显得清晰耀眼。天空南边的天际逐渐变成了深蓝，灰紫，到紫色，然后又退成灰色。慢慢地，开始起风了，静止的空气开始慢慢结冰……长长的冰冷的琥珀色的晚霞投射出清澈的黑色的月影。在倾泻到农田的阳光中有一种动物性的神秘，像一块冻结的力量，它会收缩，到日出时再醒来。”

贝克并没打算用任何文字的方式渲染他看到的景象。“科茨沃尔德丘陵就是那个地方，偏僻，遥远。那里有它自己的阳光，寒冷，天空，还有主宰天空的云彩。难以用语言来编织它的景色。”这片风景好像来自原始的过去。“那是我所知道的最清澈、最寒冷的一天……一只苍鹭站立着深陷雪中。狂风中它岿然不动；它长长的灰色羽毛平静从容。它迎风站在它薄薄的冰棺之中，如此庄严，冷酷，它已经死去了。它距我似乎已经有无数个时代。我活得比它更长，就像喋喋不休的类猿猴活得比恐龙长久。”

游隼是贝克逃离人类世界的出口。“我一直渴望成为外部生命的一部分，存在于外在事物的边缘，让虚无和沉寂冲刷掉人类的污点，就像狐狸在冰冷的水中褪掉它的气味；然后像一个全新的人一样返回到镇上。”返回到镇上后，他对镇子的美丽感到惊奇。透过游隼的眼睛，镇子中的人类造物仿佛自然景观一般。“对游隼来说，乡间砂石车道看起来肯定像满是卵石的海岸；闪亮的柏油路大概像荒野废地的花岗岩裂纹一样闪烁着微光。一切荒谬的人类造物对它们来说都是天然的，纯净的东西。”

贝克知道人类世界是无法逃开的。在一小段时间里，他不再认识自己了，但是他依然是一个人类。他依然能够去看光创造的新地方。他不舍得离开人类的遗迹。“红砖砌成的墙上长满了柔美的金色苔藓，砖墙环绕着一个被遗忘的花园，园中一座空房子沉寂无声。白色的梨花像一团团云朵漂浮在墙上，在蓝天的映衬下白得耀眼。红腹灰雀在林中轻婉地歌唱，红砖墙上的孔洞给人一种遥远和异国的感觉。我能够想象到雄孔雀的胸，砖红色，干净而又柔软。这似乎是树林的中心地带。光线在这里更深了，有一种感觉，像有什么出乎预料的事情即将发生。但这只是幻觉。”

他知道自然界不是平静的港湾。“我要讲清楚一点：杀戮是血腥的。这些事往往被保护游隼的人忽略了。食肉的人类一点也不比其他动物优越。喜欢死去的动物真是太容易了。‘食肉动物’这个词由于误用而变得过分宽泛了。所有鸟在一生中都有某些时候会吃活肉。细想一下眼神冷漠的画眉，它会吃掉草坪上弹跳的生物，刺穿肉虫，踩碎蜗牛。我们不该因为它动情的歌喉而忘记歌喉背后的杀戮。”它知道有多少苦难隐藏在美丽之后。“层层叠叠的叶子把如此多的残暴行为仁慈地掩盖了起来，所以我们看不见。我们很少看得见悬挂在绿色夏日背后刺骨入心的疼痛。树林、农田和花园这些地方到处都是无止境的刺穿、戳击、压扁和碾碎。我们只看见了浮在表面上的东西：斑斓的色彩、美妙的歌声、温暖的巢穴和细心的喂食。我认为我们承受不了动物世界清晰的景象。”漫步在林中看见了一只红腹灰雀一口咬掉了一个嫩枝上的花苞，他不禁想到了鸟类生活的残暴：“它的喙折断花苞的一拉一拧时，我想起了游隼折断猎物的脖子。不论毁掉的是什么，毁灭行为没有什么大的不同。美丽就是死亡深坑里冒出来的水蒸气。”

游隼眼中的大地是贝克想象出来的。他想要逃离的恐惧，是一个人类所见的一切都只是他们自己的所想。如果说他还不能从这世界中逃离出去，他至少确实走近了人类视觉的边缘。他不能真的透过鸟的眼睛看世界，但他确实尽可能地要抛开了自己固有的眼光，看到了之前从未见到的事物。经过了这么多年，这么多天，在这样一条狭窄的土地上，他逐渐把各个地方看作是瞬间发生的事件，而不是持久的实物。“猎隼使我们的视觉变得敏锐。用鸟的眼睛看，在飞翔的鸟身后，大地倾泻而下，像融化了的斑斓色彩，从三角洲溢出。斜看过去，眼光穿透了水面的浮渣，就像一把斧头倾砍入树干。生动的场所感使人如同长出了另一个肢体。”变化的不仅是场所。贝克——在他后来追踪游隼的岁月里也许意识到，他的疾病让沙漏里的沙子流得更快了——时间流逝的方式不是均一的。“时间是由鲜血这个时钟来衡量的……那天的光对那个时间和地点都是独一无二的，这种光的某种骤然变亮或变暗的记忆，对猎人来说如同燃烧的镁一样生动。”

史蒂文斯写道，“另一种日光也许会创造别样的世界。”不同类型的世界便如同日光的转换一样繁多。

我们过于封闭自己，没有注意到这些消失的地方。僧侣和神秘主义者们追求心灵平和，希图把握永恒。而贝克却相反。他要敏锐他的感觉，这样他才能捕捉住倏忽显现又瞬间消逝的东西。“我真该早点爱上这些鸟儿。多年来，我只把它们看作视觉边缘的颤动。它们以一种我们不可能懂的简单状态感知痛苦和欢乐。它们的生活让脉搏跳得更快，血流得更热，那是我们永远不可能触碰到的。它们总是争分夺秒地去遗忘。”

爱其他生物的人往往被指责把那些生物都当作了人。贝克不是这样。贝克不是把其他的生物当成人，而是尝试去掉自己身上人的特性。当他想象像游隼那样看这个世界时，有时候他可以成为别的生物，而不是他本来的样子。他也在争分夺秒地去遗忘。在追逐游隼的时候，他已然失去了自我。

动物的沉默

寻求安静似乎是人类独有的活动。其他的动物也会逃避噪声，但它们只会逃避其他动物制造的噪声。只有人类才想平息他们心中的喧闹。他们厌倦了内心的絮语，为了隔绝思想的声音，他们转向了沉寂。当人们寻找安静时，实际上他们追求的只是另一种噪声。

人们专门建造的沉寂之所实际上充斥着这种噪声。只有当他们不在教堂时，教堂才会安静下来——而且，甚至他们即使不在教堂，教堂里也难得安宁。声音低沉单调的祷告者留下了无尽的喧嚣，他们讲述的人间轶事单调乏味地在教堂不断回响。这些喧闹声在那些无主的，尤其是遗弃很久的教堂里消失了。年久失修的教堂所含有的沉寂在香火旺盛的教堂里是找不到的。

帕特里克·李·费莫尔（PatrickLeighfermor）在《保持沉寂的时刻》（*A Time to Keep Silence*）讲述了自己上世纪50年代退隐到一间法国修道院时的经历。在引言中，这位当过兵的旅行家发古幽思，哀悼着许多坍圮的建筑遗迹：

> 它们浮现在田野中，就像四个世纪前沉没于大西洋的亚特兰提斯岛露出的尖顶。空荡荡的修道院立在垄沟之中，毫无用处，只有残破的柱子标示着以前整齐对称的过道和回廊。四周长满了接骨木花，蕨类植物爬满了地基，缠绕着残破的拱肩，飞旋向上逐渐

变细一直爬到了树尖，一簇柱子悬挂在圆花窗四周巨大空旷的天空中，白嘴鸦不断地萦绕盘旋。看起来就好像几百年前宏伟的格里高利咏叹调被打断了，自那以后一直定格在它的高潮部分。

李·费莫尔似乎并不是需要安静的那类人。作为一个有名的享乐主义者和健谈清客，他大半生都在享乐冒险。1933年，他还只有18岁时就徒步横穿了欧洲，这个经历在许多年后——这是因为他是个完美主义者——凝聚成了两本生动活泼、个人风格突出的游记，《礼物时间》（*A Time of Gifts*）和《林与水之间》（*Between the Woods and the Water*）。第二次世界大战期间，他在英国特别行动处服役，在希腊克里特岛的大山里生活了两年，假扮成牧羊人领导一个团伙绑架了岛上德国的指挥官——这个情节在电影《月光照铁衣》（*Ill Met by Moonlight*）得以重现。他很长寿——于2011年去世，享年96岁——直到生命的终点他都保持着活力，将近90岁时还在爱琴海里游泳，在去世前一天还吃了一次丰盛的大餐。

认为这种人不可能渴望安静是一种偏见，而非证据充分的事实。行动也许是注定要有的，但是生活的必然性并没有除去人们对沉思的需求。面对一场要把他珍视的文明彻底摧毁的世界大战，李·费莫尔除了战斗别无选择。他和亚瑟·库斯勒一样都不可能避开这场冲突。但是行动不是生活的全部，也不总是生活中最重要的一部分，往往那些最需要沉浸于冥想中的人才是最活跃的。现代人之所以认为只有他人的陪伴才能满足最喜爱冒险的人，不过是因为他们的过度自负罢了。

李·费莫尔一边也许会同意以前的修道院遗留下来的断垣残壁有一种在运动的精神中寻找不到的寂静，一边还是会对修道生活的衰退感到遗憾。他是对的。教堂和修道院表明，寂静不是正常的人类环境。他们——甚至包括其他人——有时会自然地让自己安静下来，但并非长期处于沉寂的状态。这就是人们追求沉寂的原因。现代之前遍布欧洲的修道院和女修院，它们都不只是封建残余。它们证明了一种典型的人类需求，这个需求虽被现代社会所压制，但从来不曾止息。

如果安静再得不到培养，是因为承认对安静的需求意味着你承认了你内心是不安宁的——这种状况，从前人们认为是痛苦的，但现在被看作是有价值的美德。帕斯卡写道："我经常说，人们不快乐的唯一原因是他不知道怎样在自己的房间里安静地待着。"如果你承认你需要安静，你就承认了你生活中的大部分时间一直饱受干扰，让你分心。"那些自然而然地意识到他们是什么样的人根本不会躲避休息，他们愿意做任何事情让自己被打扰。"

当你把生活视为恒常不安定的状态，你就会一直想被打扰。上班挡掉了懒散这个沉重的包袱，甚至周而复始的通勤也帮你消除了内心的喃喃自语。时刻忙碌，没有一刻空闲一直以来都被认为是一种转移注意力的方式。直到最近，对消遣的追求才被作为生活的一种意义为人们接受。

寻求寂静意味着接受这个观点，即只有动的生活是不充分的，这个事实今天只有少数人才承认。老派的宗教信徒更现实，他们相信世界上找不到圆满。而宗教也有自己的转移方法，其中一个观点就是说，对寂静的需求是人类优越于其他动物的标志。瑞士天主教神学家马克斯·皮卡德（Max Picard）在《寂静的世界》（*The World of Silence*）中写道：

> 动物的沉默不同于人类的沉寂。人类的沉寂是清澈透亮的，因为它面对的这个世界，每时每刻都在发出和接受着接受言语……动物的沉默更沉重，就像一块石头。动物们跨过一块块沉寂，试图挣脱沉寂，但是往往却被沉寂拴住。
>
> 沉寂在动物身上是孤立的，所以它们是孤独的。
>
> 就仿佛动物的沉默是如实物般有形的。沉寂正是通过动物的外表表现出来，而动物未得到救赎不仅是因为它们没有人类的语言，而且是因为沉寂本身是无法救赎的：那是一种艰难的、凝结的沉寂。

诚然，沉寂的性质在其他动物身上有所不同，但并非皮卡德所说的那种不同。沉寂对其他的动物是一种自然的休息状态，于人类却是对内心混乱的一种逃避。由于天生的不稳定和不和谐的特性，人类动物指望沉寂成为自我解脱的手段，而其他的生物却把沉寂看作天赋的特权尽情享受。人类追求沉寂是因为他们追求自我救赎，别的动物活在沉寂中因为它们不需要救赎。

皮卡德倒转了动物和人类的性质，将人类置于高高在上的地位；马丁·海德格尔也持类似的观点，称其他动物都是“世界贫乏的”。从海德格尔的新基督徒观点出发，老鼠和老虎，大猩猩和鬣狗都只是存在于世界上，它们对周围的世界只是被动地做出反应。其他动物只是对象，它们对于自身存在的神秘起源没有任何感知。相反，人类不是对象，因为他们塑造了自己生存的世界。

我们最好忘掉这个沉闷乏味的老掉牙的故事。每一个有感知的生物都是世界的创造者。如同我们眼中被陆地包围的人类世界是人类创造物一样，游隼眼中漂浮的世界也是游隼的创造物。也许从某种意义上讲，其他的动物是低劣的，但是这种低劣却是人类将永不能企及的理想境界。当基督徒们和他们的人文主义继承者们蔑视动物的沉默时，也许他们是在嫉妒那些打动他们的东西。

人类和动物的沉默之间的差距是语言运用的结果。其他生物并非没有语言。鸟的话语远胜于人类的隐喻。猫和狗在睡着时翻来倒去，四处走动时也会自言自语。只有人类使用语言构建自我形象和他们生活的故事。但是如果其他的动物缺乏这种内心独白，为什么人类就更高级呢？我们完全不清楚。为何先打破沉寂，然后又大声呼喊着想要复归沉寂会是一项成就呢？

许多人认为，人类的独特之处就在于拥有所谓的“意识”。在对这种思考方式最精深的理解中，仿佛宇宙创造人类是为了通过人类反观自身：

我们源于虚无且归于虚无
虚无把我们贷与时间，在我们撒谎的时候
在空虚沉寂的沉思中
他们说我们感觉到了虚无的注视
这是错的，但是谁又能承受真相
我们自己就是沉思中的虚无
我们是它仅有的神经、眼睛和手掌。

人类注视着自己的虚无。这是一个优美的诗歌意象。但为何人类会因此拥有什么特权呢？其他生物的眼睛也许会更明亮。人类忍不住透过语言的面纱看世界。当他们追逐沉寂时，他们正试图把那些创造了人类世界的符号丢在身后。这种斗争如同语言本身一样是普遍的人类活动。通过诗歌、宗教和对自然世界的潜心钻研，人类试图用语言说出掩盖他们生活的事实。实际上，那就是他们努力变得沉寂时在做的事。这种努力永远也不会成功，但并不因此而毫无意义。

哲学家们会说，人类永远不可能沉寂是因为思想是由言语构成的。对那些愚笨至极的逻辑学家来说，沉寂只不过是一个词语。依靠语言来战胜语言显然是不可能的。审视一下自身，你只会发现作为自己一部分的言语和形象。但是如果你看看身外的世界——鸟和动物，以及它们不断变换的栖息地——你也许会听见言语之外的东西。人类同样能够找到沉寂——如果他们能忘却自己孜孜以求的沉寂的话。

参观大英博物馆

在参观者看来，大英博物馆也许就像一个被废弃的神祇的仓库。在各种各样的文物中，曾经受人祭拜的神像会带给人们最强烈的稍纵即逝感。博物馆的拱顶建筑中收藏着很多许久不再使用的日常用品，但是出于敬畏神明而建造的神像有着更多的辛酸，因为那些神明本身是被想象成不朽的。在建造这些神像的人中，可能极少会有人领悟到神自己恰恰是人类的造物。如果他们意识到，他们把其形象留给后人的神明是虚构的，他们会有什么感觉？

威廉·燕卜荪[1]（*William Empson*）在1929—1930年间的某个时段写下的《向大英博物馆致敬》（*Homage to the British Museum*）是一篇对神明幻灭的沉思：

在那里我们吸收各国的文化
把他们所有的密码融化，形成我们的判断
然后，天生的犹豫堵住了道路
（人们在不断地询问出口在何处）
让我们站在这里，承认我们无路可走

1. 威廉·燕卜荪（William Empson，1906—1984），英国诗人和文学评论家，曾任教于北京大学和昆明西南联大。

让我们承认，万事终有用处吧

或者赐予我们质疑的福音让我们把我们一撮尘土都奉献给这位神

承认他才是这座建筑的统治者

神明如它们所神圣化的生活一样平凡，燕卜荪平静地接受了这一观点，这在当今是很罕见的。对于那些没有信仰就活不下去的人来说，任何信仰都比没有信仰好。这就是承诺意志行为可以驱散无意义阴霾的原教旨主义的吸引力所在。因此，那些宣称新神祇到来的人文主义者造神的热情，只是将他们自己带上神坛而已，要比以往任何受过膜拜的事物都更加丑恶……

在“大英博物馆的鸽子”（The Pigeons at the British Museum）中，理查德·杰弗里斯把博物馆前的鸽子描述成参观者们，它们把这个建筑看作自然界的一个特征：

对鸽子来讲，这栋建筑只是一块巨大的岩石，为了使用方便凿了一些洞；它们只使用建筑的外部，没有进到建筑里面。在这块岩石和外面的围栏之间有阳光和空气，洒满阳光的碎石路、绿色的草坪——它们关心的就是这些，也只有这些。牛津街上滚滚的车流在这里都可以听到，但是对它们来说无足轻重；金钱之争打动不了它们，它们才不会理会。它们对许多人在这座大图书馆中苦苦寻觅的东西视同无物。在它们看来，这种智力劳动与在大街上装卸货车没有两样。有形产品和知识成就都没有任何价值——它们眼里只有空气和光。美术馆里还有雕像，几千年前灼热的东方阳光曾照耀在这些雕像上。人们努力创造了这些雕像，不论多么失真，它们都是人类思想和手工艺的结晶。在那些日子，到处充满了新鲜的空气和明媚的阳光，鸽子在神庙四周展翅飞翔。在希腊人更精美的神庙周围，在诞生了哲学的门廊上空，鸽子们一样在盘旋翱翔。依然只有光、阳光和天堂的空气。我们辛苦劳作，苦思冥想，雕刻偶像，笔耕不辍；但是几个世界的失误让我们寸步不前。那些既不辛勤劳作，也不费力思考的鸽子们却拥有着阳光。它们的命运不是更好吗?

杰弗里斯从大英博物馆内人造神像的描述转向描述空气和阳光，他期望在那里找到自由。但是杰弗里斯所寻找的东西会在任何地方来到他身边——在拥挤的街道上，甚至在教堂里。自然神秘主义者在人类场景之外所找寻的自由与宗教的精神王国一样，都是人类的思想建构。通过追逐自己的影子来逃避自身是徒劳的。但是如果你用一双没有思想之膜遮蔽的眼睛去看，你也许会看到一种景象，一期一会的景象。

无限的城市

要想寻找未经人类之手的场景，你未必非要到人类世界之外。对人类来讲，人类世界本身都是不可知的。他们为自己建造的聚落可能就像最深的森林一样不可窥测。

在地铁的站台上，一个肮脏的锈迹斑斑的铁盖子盖在一个圆孔上，一大团羊毛似的东西堵在那里，烟从那里冒出来，飘进了上面昏暗的灯光中。我认识一个从伦敦远道而来的怪人。他特别渴望再看一次这喷烟的场景，就像其他人想要再看一眼那不勒斯的海湾、卡塔尼亚的橄榄园一样。另一个愿望——愿望真多！就是再看一次某个博物馆台阶前的砾石上，密密麻麻，铺得像地毯一样的鸽子；他是一个饱经风霜的男人，头上戴着一顶奇怪的高顶大圆礼帽，一副寒酸模样，手里拿着一张沾满面包屑的纸，肩上手里都是鸽子，甚至两脚之间都挤满了鸽子，鸽子们抖动着翅膀，像一个有羽翼的光环戴在他的头上。

伦敦就是这么一个由这些“小场景”构成的城市。它的形象很少像其他城镇一样一成不变……从远处看去，它就是天边的一朵云彩。晚上从夜色中看去，萨里山远处的一侧，石楠、松树、榆树影影绰绰。在这墨色的地平线之上，人们会看到在天空有一道徘徊不去，捉摸不定的绚丽色彩。这就是伦敦——一座显露在云端的城市。

这个片段选自福特·马克多斯·福特的《伦敦之魂》（*The Soul of London*）。在书中，身为小说家、诗人和文学评论家的作者把印象派的方法应用到了对这个城市的描写之中，由此创作出了他最富原创性的一部作品。在《好兵》（*The Good Soldier*）中，福特讲述了一个充斥着真实生活和回忆的各种坎坷游离的故事。为了重塑经验的飘忽不定，他放弃了对人类场景的虚拟全知旁观视角。他的四卷本巨著《行进的终点》（*Parade' s End*）可能是二十世纪最伟大的英语小说之一。在书中，福特运用相似的手法再现了第一次世界大战对英格兰人民生活的影响。福特从叙事转向了对感知、记忆的不规则的描述，将注意力投向了更现实的东西。他呈现给我们的不是清晰连贯的虚构叙事，而是单独的个体的经历；但是个体也是难以捉摸的，由感觉聚合而成的，而非持续存在的行为者或观察者。

福特的文学印象主义与绘画上的印象主义几乎在同一个时期出现，这两者之间也有着密切的联系。当印象派画家尝试去记录感觉而不是去呈现事物时，福特试图捕捉构成我们生活的稍纵即逝的经验。把世界看作是由稳定的事物构成的，这是一种幻觉。瞬间消逝的场景在图书插图或博物馆展品中凝固了下来。文学印象主义其实曾是新现实主义的一种尝试。

福特以坦尼森为例批评了他所反对的那种写作：

蝙蝠在芬芳的天空中飞翔模糊的形体转动着，发着光出没在黄昏中，穿着貂皮质感的披风，

还有长着绒毛的胸部和闪亮警惕的眼光。

福特评论道：

如今这无疑是很好的博物学记录，但是它显然不是印象派作品，因为傍晚观察蝙蝠的人不可能看到貂皮质感的毛、绒毛或者闪亮警惕的眼睛。这些东西你也许会在书里读到，在博物馆、动物园看到，或者在大街上捡到的死蝙蝠身上见到。但是在一个瞬间中塞进完全不同的各个瞬间的观察记录，这不是印象派的做法。因为印象主义是完全瞬间的东西……任何印象派的东西，不论是散文，诗歌，还是绘画，或者雕塑，都是瞬间的印象；它不是对一系列场景的丰满的、翔实的记录——而是在记录你头脑中对发生在十年前——或者十分钟之前的场景的回忆。它甚

至可能是一个瞬间的印象——但这是印象，不是修饰过的编年史。

按照这种印象派的思考方法，人类经验到的世界不是对终有一天会被全面认识的现实的不完美反映。反思构建了这个现实的动物的本性，人类世界只是一系列的碎片。因为事物总是随着自身的感知而不断变化，所以对事物完美的感知是不可能的。

有哲学家会告诉你，即使人类世界外部的一切事物是不可及的，人类建构的东西也是可知的。但是人类建造的东西可能也是深不可测的。地图能够描述出一座城市任一时刻的物质结构，但被制成地图的并非城市本身。这不仅是因为在地图印出的时候，城市可能会发生极大的变化。地图不可能涵盖城市的一切地方，它们会随着城市中来来往往的人而变化不定。图表是抽象化的东西，简化了变化无穷的经验。我们把城市看作与我们自己一样，是在时间中不断重现的稳定之物。然而，在任何情况下，不断重现之物都是无实体的，是思想的建构，是转瞬即逝而又变幻多端的。

在福特看来，伦敦不是一个不变的城市，而是一个流动的迷宫：

让我们将思绪拉开足够的距离，此时在脑海中浮现出的伦敦，就只不过是巨画中极小的一部分。它实际上是一座“镇”，然而这个镇是有多么渺小，多么抽象！有人说，“他了解他的伦敦”，然而他所了解的伦敦与“他的”那个真实的伦敦相比，又是多么微不足道。而且，如果碰巧他是一位天文学家，他对他的太阳系又能了解多少……

但是，不论伦敦有什么样的“气氛”，不论它会有什么样的“性格”，那些使人们熟悉如家的奇异触动，伦敦警察头盔的形状，商店门面的招牌，将光投射到雾中的钢制灯具，房屋前面、前庭树上、公园围栏上的灯光效果，所有这一切小细节都构成了伦敦的气氛和性格，无论他身处多么遥远的地方，这些感觉将永远存在。他今后看待一切事物都要透过这层玻璃，衡量一切事物都要借助它，而伦敦依然不是哪一个人的伦敦。

福特不是第一个提出伦敦或许是无限和不可知的人。十九世纪早期的英国散文家托马斯·德·昆西（Thomas de Quincey）描述他在鸦片刺激作用下，在城市四周闲荡的情景时，承认当时感觉他游荡的城市是幻觉。德·昆西和他吸食鸦片的同伴、深受德国唯心主义哲学影响的诗人塞缪尔·柯勒律治（Samuel Coleridge）一样，坚持一种先验的神秘主义，认为感觉是精神事物的密码。但是在是否存在超越感知事物的领域上，印象主义和神秘主义之间有一道不能逾越的鸿沟。人类制造的符号世界不是只要经过正确的诠释，便能给出事物神秘知识的炼金术教科书。人类的符号就是四散的尘土，遍布这个难以理解的世界。

浪漫主义者避开人类建造的东西是为了找到非人类建造的有意义的事物，而唯心主义者回归人类世界则是为了逃避意义的丧失。这两者都错了。人类并不知道自己创造了一个连自己也不能掌控的世界。人类创造的场景和密林中出现的场景一样神圣而又捉摸不定。只要打破日常感知的魔咒束缚，身处城市也能看到意想不到的景色，与开拓秘境的探险家无异。

濒死的咳嗽声和绿色的外套

如果你注定要过早地死去，在剩下的时光里你会做什么？有这样一个人选择坐在一个小池塘边：

> 虽然它有着山丘露塘一样美丽的形状，但却不是露塘。它只是由丘陵峡谷的地表水形成的普普通通的池塘，然而它对我有着一种神秘的魔力。我总是在想，某一天，当我经过它时，冥冥之中，我就要从这个小小的水池，从这个不起眼的、装满圣水的绿色池塘中，收到悄悄说给我的人生奥秘。我想，它终会赋予我确实而自然的启示，就像蝴蝶纷飞的夏日之后，黄昏的露珠润湿了合拢的花朵，让它感受到自己的到来一般。
>
> 我一直期待着这个优雅的时光，每个季节，我都会徘徊在池塘边……这是在去年九月的一个温柔傍晚，我所寻找的启示的气息来到了我身边……一切都那么沉寂，一切都那么令人期待。我一直等待着的那个信使终

于现身了。

那是一只野兔。我从远处看到了她，然而却一动不敢动。她走近了，脚步迟疑，时而前进，时而后退，时而严肃，时而活泼……她离我越来越近了。她是真的要喝水吗？她在离我十码的地方低下柔软的棕色下巴去喝水，这可能吗？无疑，如果我可以目睹如此柔美的动作，那么我就会终于收到了一直在寻找的启示。傍晚的沉寂如此深沉，田鼠身上的皮毛轻轻扫过密林中草根的声音都听得见，在天空的映衬下，无垠的远方，月亮高挂在天上，四周沉寂无声……

我猛然从狂喜中清醒过来。我听见了一个声音，敏感而又清新的声音，如同轻柔的小雨飘落在草叶上。那是野兔在喝水。

卢埃林·波伊斯（Llewelyn Powys）的父亲是一名教士，名叫查尔斯·弗朗西斯·波伊斯（Charles Francis Powys），家中有十一个孩子。他的两个哥哥更有名：作家约翰·考珀·波伊斯（John Cowper

Powys）和西奥多·波伊斯（Theodore Powys）。卢埃林的整个成年生活几乎都一直生活在死亡的边缘。1909 年，卢埃林 25 岁时得知自己患了肺结核。

> 发现自己真的得病了的震惊在我身上产生了最奇怪的作用……我表现得仿佛死亡不是每个降生到这个世界上的孩子必然的终结，而是以某种神秘的方式专门为我准备的大事……我想要了解死亡是什么感觉；可是同时，在我的内心深处，我又拒绝承认我的病有多严重。我喜欢谈论死亡，但是我不想死……我以各种可能的方式来夸张自己的处境。我的思想完全转变过来了，我喋喋不休地谈论死神，就像一只为了逃避伤害而爬到树顶的小小灰松鼠。

卢埃林的哥哥约翰从巴黎到多塞特郡去看望他。天还没亮就进了他的房间，他们谈了整整一早上。卢埃林说话声音很小，以免伤肺。从他附近的村庄赶来的西欧多尔似乎早就知道卢埃林会抱怨个不停："他坐在开着的窗户边上，猛吸着新鲜的空气，一边说出许许多多捕风捉影的古怪观察。”另一个来看他的是一位老石匠。“他坐在我的床边，他的所有行为都带着一种抑制不住的狂喜，那种看到别人掉进邪恶陷阱时的狂喜。他说‘你这是临死之前的咳嗽’……我得说，这些话简直让我跳起来了，但也让我认识到，就像他们说的那样……确实是这样，而我，当我所有的夸张表演结束之后，我要一个人躺在一副冰冷的榆木棺材里，独自度过这漫漫寒夜，年复一年，连绵不断。”

为了找寻治病良方，波伊斯在1909年十二月离开英格兰来到瑞士的克拉夫戴尔，他在那里的疗养院住了两年。尽管身体逐渐康复，但他还是经常做濒死之梦。

> 我从小就做这样的梦，但是这段时间里，这些虚无的影像变得比以前任何时候更明显，更真实。我会漫步在模糊不清的梦境里，我会突然意识到某种气味扑鼻而来。甜甜的腐朽味道。“哈！”我对自己说，“死亡的味道，腐烂的人肉味道！”转眼之间，我站着的地面陷了下去，我发现墓地四面都纷纷倒塌，

> 自己则在墓地里挣扎……几年之后，当我充满自信地来触碰那些我曾经喜欢的尸体时，我发现，我梦中的味道就是死人尸体的气味，与死了的家畜散发出的味道有着微妙的差别。

被死神包围的波伊斯没有受到当时弥漫英国中产阶级的性压抑影响。因此，在完全没有这些中产阶级习气的瑞士疗养院，他的生活也不是想象中那样难过。“我发现这里是如此欢愉，我不禁感到幸运至极，欣喜若狂。我们可能真实地感受到想象一只蝴蝶所经历的无限的一切，比如说，一只红色的赤峡蝶疲惫地穿过一个城市的柏油马路之后，发现自己来到了一个满是天竺葵的隐秘花园，那该是多快乐……”他与一些病友不同，因为他依然强烈地想要活下去。然而，哪怕冒着病情恶化和互相传染的风险，他依然一次次与难兄难弟们欢乐嬉戏。

卢埃林的余生都热烈支持性自由，同时坚定地反对基督教，他反基督教的部分原因是基督教教义也提倡性压抑。他把自己看作古罗马哲学家及诗人卢克来修（Lucretius）的门徒，尽管他并没有接受这位罗马诗人得自伊壁鸠鲁的观点，即性威胁着精神安宁，所以应当避免。他后期的许多作品都充满了对唯物主义热情洋溢的辩护。他写道："物质可能灭绝，宇宙可能灭绝——的确是一个我们建立在假说之上的生存哲学。"他固执地认为，拒绝宗教就是宣布放弃世界上的一切秩序。

> 必须放弃的不仅仅是对上帝的信仰，放弃死后对生命的一切希望，而且要放弃对一切天定道德秩序的信念。这就像我们知道支配着太阳的绝不可能是任性的神祇一样平常……显然，与人类行为举止无关的道德秩序是不存在的。我们必须做好准备，在失去了罗盘，只能任由生命之船湿滑的甲板载着我们四处飘摇的情况下辨明方向。教条的虚无主义者们极度怀疑一切善行，我们就像遭遇海难的船员被抛入了大海。我们没有了方向感，清楚无疑地意识到我们的时间已所剩无几，一切都将失去。

根据 “富有原创性和热情的诗人” ——耶稣散落民间的语录，圣保罗设计出了一种否定生命的宗教。卢埃林建议抛开，而不是反击保罗杜撰的信仰：“任它去吧。有什么关系呢？没有什么区别。就让蚊虫鸣叫，蜜蜂一边嗡鸣，一边把蠢笨的嘴插进花中吸食花粉吧。鸟儿在树枝上已沉睡，夜行昆虫在草茎间干着见不得人的事。自古皆然，只是它们从来不曾进入搅动了保罗心绪的玄想。”人类是“爱做梦的畜生，能呼吸的影像，他们是飞速穿过世界草甸、最终进入墓地的游移阴影，只要拍一下手，永恒就是一天，一天就是永恒”。

虽然卢埃林是传统宗教的敌人，但是他并非对传统宗教之美视而不见。“有时，在某个礼拜天的清晨，我会走进那个古老的灰色教堂领取圣餐……当我跪下低着头参加这个美丽、古老的仪式时，我会努力思考这个荒唐传言所含的内在秘密，不管在哪里，只要有两三个人就能聚起来，然后便一代代传承下去。而在教堂墓地，我四周是一片古怪的安静，透过有着花式铅条的玻璃，冰冷光秃的树形成的树篱依然清晰可见……我也感到有点半信半疑 。这是为什么？”虽然他对基督教的传播一直感到惊讶不已，或一直对它成功地让如此多人皈依感到惋惜，他并未将其归为人类的愚蠢。宗教是对不变的人类现实的诗意回应——毕竟，人终有一死。

在他的病情似乎好转一些时，他回到了多塞特郡。走在一条乡间车道上，他遇见了一个年老的伐木人。

> “哎呀，我真该死！”他大声说，“我真没想到能看到你回来，卢埃林主人，如果你听了我的话，那你现在就是一具尸体了。”……这个老伐木人上上下下打量我，从我头上戴的帽子到脚上沾满金盏花黄色花粉的靴子。“你会熬过这个夏天的，”他明智而又审慎地说，“但是你的咳嗽永远也好不了。医生说他们能治好，但是他们做不到。他们最多也就能缓解下病情。但是别害怕，你很快就会穿上绿色的外套。”我知道，“穿上绿色的外套”指的是绿草，他相信绿草很快就会爬满我的坟墓。

伐木工说得没错，波伊斯的病治不好，但是认为他会很快死去却是错了。1914 年他乘船来到了英属东非，他有一个兄弟在这里务农，他自己也在这里做了五年的入股农民。随后他在美国发表了一系列描述非洲岁月的文章，出了些名气。他在非洲的生活更坚定了他的信念："非洲，就像一头有着黑色鬃毛的雄狮，舔舐着一直在人们眼前舞动，并让人们感到快乐的所有精致幻想的生命力。只有真相充满活力。在欧洲让人们好奇的东西，在这里却是平淡无奇：生命之井的井底没有希望。在天蝎座之下，在南十字星之下，在这毫无激情、清晰可见的热带阳光中，世界的空洞虚伪一清二楚：一切都浮于表面，其下空无一物。"发现表象之下空无一物并没有扰乱他的心绪，反而使他更加坚定了享受生活的决心。

他再次回到多塞特郡是1919年，准备跟着哥哥约翰去美国，干一番写书演讲的事业。他的气质不适合演讲（不像他的哥哥），写作赚的钱也很少，以至于一度他考虑住到纽约第六大道上的一家旅馆。广告上说有一个每晚二十五美分的房间。那是一个荒凉孤寂的小隔间，像地下墓穴一样，从下面打开后才能来到上面的主走廊。"这勾起了我无限的乡愁，我想起了一次我是怎样在辽阔的非洲平原上骑马，在那里，我骑的种马的蹄子踢到了狮子的骨头；那些地方人迹罕至，也没有为彼此设置的陷阱；在那里，母犀牛给它的幼崽喂奶，完全不知道在这个世界上还存在着智人这样直立行走、比以往任何生物都更残暴狡猾的猿类。”

1925 年，波伊斯回到了英格兰，在爱丽丝·格里高利（Alyse Gregory）的陪伴下，定居在多塞特郡一个偏远的海滨。爱丽丝·格里高利曾做过美国文学杂志《日晷》（*Dial*）的编辑，1924 年波伊斯在纽约和她结婚。两人一起游历了很多地方。回到美国后，他将自己的非洲时光写成了回忆录《乌木、象牙和黑人的笑声》（*Ebony and Ivory and Black Laughter*），出了些名气，然后去了巴勒斯坦和意大利的卡布里岛，之后相继去了美洲、西印度群岛、多塞特郡，最后又回到了瑞士。波伊斯生于 1884 年，1939 年 12 月死于出血性溃疡。

波伊斯的死亡在《爱与死：虚构的自传》（*Love and Death: An Imaginary Autobiography*）中有许多栩栩如生的描述。这本书出版于 1939 年五月：

> 没过多久，我意识到爱丽丝一定是把护士打发走了，因为只有我们俩人在一起。我

> 发烧了。我感觉到冷，浑身发抖。然而，我的意识很清醒。我快要死了，这我知道。我的大限已到，现在我得吐出我的最后一口气。这个可怕的时刻终于来了，它来了，但是我并不感到害怕……死神并不像我之前想象中那样可怕……我的胸口好沉重。一种从未有过的黑暗滚滚而来，包裹着我，淹没了我，如洪水般涌来的漆黑淹没了我全身，只有黑暗，没有感觉，没有思想；这黑暗对一切都毫不在乎，除了与永远存在的岁月之尘的一场盲目豁达的交易。

在瑞士，波伊斯去世前几个小时，他对妻子说："我希望我是甜蜜的尘网。"几年之后，爱丽丝回到多塞特郡后写道："我们起源于动物，我们最终归于尘土——我们头脑中的梦想只是风中蓟花的冠毛。我喜欢得体、灵巧、敏锐的举止思考，同时我也知道生命根本什么也不是——只是一场喧闹，就如同乌鸦的翅膀，小男孩的口哨一般很快消失。"她又活了二十多年，大部分时间是很快乐的，经常有朋友从世界各地来看她，和他们一起在她和丈夫曾经共同生活的房子四周享受野外的风光。住在那里需要走很多路，于是年长体衰的她于 1957 年搬往内陆居住。十年后她躺在丈夫经常穿的斗篷上，吞下了一种致命的粉末，自杀了。

波伊斯没有自行了断，但是当死神来取他性命时，他并没有挣扎反抗。他拒绝了医生建议的手术。“他们在把我向错误的道路上拖。我一直生活得很幸福，而生命行将结束时，我希望像一名伊壁鸠鲁的追随者那样死去。”在去世的前一周，他曾写信给一个朋友说：“我在阳光下幸福地生活了半个世纪。”

当波伊斯逃脱了英年早逝的悲剧后，终其一生追求的是什么？当然不是永生。他与意象派诗人 F. S. 弗林特都感觉人类不适合永生：

> 永生？……不，
> 这些人们，他们不可能，
> 我也不能。
> 他们脸庞疲惫，
> 双眼从未看见过世界的真相，
> 身体从未体验过自然的气息，

双唇从未说出过妙语，
他们是被挤压扭曲的人类。
拥堵在公路之上……
他们会永生？
在树林中，
看着小鸟的影子，
在欧洲蕨的叶子上跳跃，
我是不朽的，
但这些是吗？

虽然波伊斯讨厌想到死亡，但有死之身对他而言并非惩罚。他从未远离死亡，而这实际上让他能自由地追逐自己的梦想，这才是生命本身令人感动之处。

失踪之谜

乔治·西姆农[1]描写过这样一个男人。他“曾击败过所有的幽灵，也曾失去了所有的影子，他定定地看

1. 乔治·西姆农（Georges Simenon，1903—1989），比利时裔法国作家，写过大量犯罪心理分析和犯罪小说，塑造了麦格雷探长这一角色。

着你，眼睛里满是冷漠的平静”。他叫蒙德先生（M. Monde，意为“世界先生”），一位值得尊敬的商人，在他 48 岁生日那天突然失踪了，丢下了他的生意和家庭——一双儿女还有第二任妻子——他这样做完全出于自己的自由意志，而且对他来说似乎也没有别的选择。“没有内心冲突，没有决定可做，实际上根本不曾有什么可决定的。”当他从保险柜中取出一大笔钱，走出家门走上街道时，他并没有清楚的行动计划。他换上了工人的服装，刮掉了胡须，住进了一间廉价旅馆，早上坐上了去往法国马赛的火车。

当他在港口附近的另一个廉价旅馆房间中醒来时，他意识到自己其实一直在哭泣。“这不是普通的泪水。它们带着温度，从某个深泉中喷涌而出，无止无尽，被他的眼睫毛拦住，聚集，然后从脸颊倾泻而下，不是一滴滴地向下滴，而是小溪般蜿蜒而下，如同雨天玻璃窗上的雨水，而在他的枕头上下颌边的位置那片湿湿的印记比以往任何时候都大。”他不是因为这个空荡的房间，而是为他曾有过的生活而流泪。

他头脑很清醒，不是那种每天早上醒来

的，那种自己承认的清醒，而恰恰相反是那种随后又感到羞愧的清醒，也许因为它赋予了平凡的事物人们认为诗歌和宗教才能赋予的伟大。通过他的双眼，从他整个身体川流而下的，是他48年里集聚的所有的疲惫，如果是温柔的泪水，那也只是因为最痛苦的已经结束而已。

他已经放弃了。他已经停止了奋斗。他从遥远的地方匆匆而来——不再有火车旅行了，只有一种没完没了了的迁徙感——他匆匆来到这里，走向比任何其他人类都更有强烈的生气的广袤蓝色的大海，这个世界之魂，正平静地呼吸着慢慢向他靠近。

隔壁房间的争吵把他从睡梦中惊醒，他偶然结识了一个女孩——朱丽叶——她在一个赌场做服务员。几天之后，他就和她同居了，并在一个夜店找了一份工作：通过窥视孔监视员工，看他们是否有欺诈行为。几天之后，他放在房间衣柜上面的包裹不见了，里面装着他从保险柜拿出来的钱。现在他一无所有，给自己改名 Déiré Chouet（蒂维西·舒埃，蒂维西意为“欲望”）——他在一家鞋店看到的名字——如今他像别人一样生活着。

蒙德先生没有找到他一直找寻的自由。他在社会边缘发现的世界与他拒斥的那个世界并没有什么不同，只是更加艰难窘迫。尽管如此，对蒂维西先生来说，生活还是不一样了，因为光变了：“这个光和遍及地中海林荫小溪的光是一样的：他意识到那是日光，但是光线稀疏地四处漫射，有时还会分解开，就像棱镜那样，比如突然是紫色或绿色，那种神奇的，难以捉摸的深绿色光线。”

他不失望也不沮丧。他知道谁偷了他的钱——是那个女服务员。自从偷窃案发生后，无论何时两人相遇，他都用夸张的礼貌用语问候她，而她每次都是充满敌意地看他。

蒙德先生既不感到生气，也不怨恨懊悔。在法国莱切的大约第 14 或 15 年，他追随一个四月斋戒组织经历了一段神秘体验。他整个白天和一部分晚上都用来做灵魂的完善。他还恰好保留着那时候的一张照片——照片上的他看起来更单薄，眼神也更加轻蔑，面露微笑。后来正是这甜美的微笑让他感到愤怒，让他做出了激烈的反应……尽管他曾经红润的面色现在变成了土黄色。有时候，他会有点得意地看着镜子里的脸，这张脸讲述的不仅是平静，而是一种窃喜，一种几乎病态的愉悦。

在夜总会工作时，从监视孔里他看见了自己的第一任妻子，现在她是一个吗啡瘾君子。他们见了面，一起回到了巴黎，安排她接受治疗。同时他回到了自己的家，没有为自己的出走做任何解释。他已经不是从前的那个人了。在劝说第一任妻子跟他回去，安排一个医生照料她时，他身上发生了一些变化：

他当然不是一个空洞的魂灵。他还是蒙德先生，或者蒂维西先生，可能他更愿意自称为蒂维西先生……不！叫什么没有关系……他是一个男人，长期以来忍受着男人的身份而没有意识到这一点，就像其他人忍受着一种他们没有意识到的疾病。他一直像其他男人一样，也曾像他们那样奋斗，也曾在拥挤的人群中推搡前行，如今虚弱疲惫而又毅然决然，不知道去往何方。

如今，在月光下，就好像借助某种神奇的X光射线，他突然看见了生命的不同。

之前考虑的一切，全部的外皮和肉体，它整个的外表，以及它所在那个地方的一切，都不复存在……

但是你瞧！这都不值得说给朱丽叶或其他任何人听。这事儿不可言传。

他现在明白了什么他以前不明白的事？躺在马赛旅馆的床上，时而醒时而睡，他感觉发现了什么。但是他发现的是什么呢？

他在满是汗味的硬板床上重重地翻来倒去。他又一次逐渐习惯了他自己的汗味儿，就像他儿时那样。这么多年来，在生命中的大部分时间中，他已经忘记了汗的味道，忘记了阳光的味道，忘记了那些为生计四处奔波的人们不再意识到的所有生活的味道，而他不知道那是不是原因……

他快接近真相了，已经有所发现。于是他开始又一次下潜找寻，然后一些东西把他带回了水面……

蒙德先生的发现不能用言语表述。在这种消极的启示中，日常生活的意义消散了。这都是转瞬之间的事。但是蒙德先生发现的一切并非毫无价值，因为这使他成了一个不同的人。

《蒙德先生失踪记》（*M. Monde Vanishes*）是一部“冷酷浪漫小说”。西默农称之为“硬小说”，以便跟他写过的其他上百部流行惊悚小说区分开来。在这些小说中，麦格雷探长的作者在探索逐渐动摇着貌似最坚实的生活中的不安定情绪。

这些硬小说的主题是人类的灵魂，但是在西默农对他的主角的描述中鲜见心理描写的成分。蒙德先生存在于驱使他行动的种种印象之中。当他为了看似浪漫的半世俗生活而抛弃中产阶级的舒适时，作者并没有告诉读者是什么让这个商人如此着魔。我们反而从书中发现蒙德先生不知道自己为什么离开。虽然我们可以看出他在睡觉的时候被某种思绪所困扰，但是我们几乎看不到他的思想状态。我们知道在他十多岁时曾有一段宗教经历，但这与他突然放弃安定生活的关联就留待读者去揣摩了。

蒙德先生似乎是由他发现自己所处的环境所创造的。虽然他几乎不知道他做了些什么，但是那些都是他自己的行为——冲动的行为。他所成为的那个陌生人似乎凭空而出——这是当他摆脱过往生活之后对所见、所听、所闻的反应。西默农的小说没有任何道德说教意味。但是，如果说他们身上蕴含着一种观念的话，那就是：我们经历的种种印象，要比被我们认为是生活主宰的自我真实得多。

在西默农的所有作品中，宗教并没有被拒斥，而只是被无视了。这本也不例外。蒙德先生回忆少年苦修时带着一丝淡淡的蔑视，而且他没有表现出对任何一种救赎的渴望。他找寻的是一种自由——那种你不再被记忆法则所掌控时来到的东西。

塞缪尔·贝克特在他的普鲁斯特研究中写道：

> 记忆法则从属于更普遍的习惯法则。习惯是产生于个体和环境之间，或者个体和自身固有的怪癖之间的妥协，是一个乏味的神圣担保，是他的存在的避雷针。习惯是拴住狗不去吃屎的桩子。呼吸是习惯。生活是习惯。更确切地说，生活就是一连串的习惯，因为每个个体都是一连串的复数个体……世界的创造不是一蹴而就的，而是每天都在发生。那么，习惯就是在构成个体和他们无数个相关对象的无数个主题之间达成的无数妥协的总称。连贯的适应期之间的过渡阶段是个体生活中的危险地带（因为不管通过什么可怕的变体，裹尸布也无法变成婴儿的襁褓）。当人类的苦难暂时替代了生活的乏味时，这个地带就充满了危险和不确定，令人痛苦，神秘而又丰饶。

你日复一日生活于其中的这个世界是由习惯和记忆构成的。当同样由习惯和记忆构成的自我消退后，这个危机四伏的地带就出现了。那么，只要一小会儿，你可能就不再是自己了。

站在身边的陌生人

人文主义的创始人是一位谜一般的人物。我们不能了解真实的苏格拉底，因为我们所知的他的形象都是柏拉图塑造的。这位西方哲学的创始人也许是一位诡辩家，他宁可接受自己一无所知也不愿相信没有什么值得去知道；或者他是一位晚近的萨满教祭司，对真理的一瞥源于内心的神谕。他甚至可能如柏拉图描述的那样，是一个信奉理性的神秘主义者，相信人类——当然，是极少数有慧根的人类——能够进入时间以外的世界。

苏格拉底到底是谁，是做什么的，这都无关紧要，因为他对心灵的强大影响正是神话的力量。苏格拉底留下了大批信条，其中的一些或另一些塑成了人文主义者的思想。人性本恶是错误的，恶会随着知识进步逐渐消失；好的生活一定是经过审视的生活；理性行为能够让人类成就自己的命运——这些断言实际上都很成问题，但随着苏格拉底成为人文主义的大圣人之后，它们一直被认为是不可挑战的公理，被一遍一遍地重复。尼采在猛烈攻击苏格拉底的同时，也不曾停止对他的仰慕和崇敬，他写道："在苏格拉底身上，我们不得不看到一个唯一的原点，所谓的世界史正是绕着它轮回旋转。"

这个断言隐含地假设世界历史是由欧洲思想塑造的。即使仅仅因为这一点，它也是夸张无理的。但是，确实许多现代思想都是以苏格拉底的思想为基底的。当尼采攻击苏格拉底是人文主义的终极源泉时，他回顾了哲学诞生前的古风时代的希腊文化，而这种文化可能从来不曾是尼采想象中的那种酒神文化。但是，他写道："垂死的苏格拉底的形象，那个通过知识和推理奋起跨越死亡恐惧的男人，是高悬在科学入口处的一面盾徽，提醒着人们科学的目的：让存在明白地显现出来，从而得到证成。"在这里，尼采精确地描述出了那些自认为已经放弃宗教的西方人安身立命的信仰。

按照尼采的理解，悲剧不是终极的事实，而是一条信仰的原则：我们所谓的悲剧只是一类错误，随着时间推移，它会越来越少，造成的影响也越来越小。如果有先见之明，悲剧是可以避免的，要不然——如果后来证明确实无法避免——它也往往会激起人们将来的渴望和抱负。无疑，人类总是要承受苦难和损失的。但是人生并不一定是悲剧。因为如果悲剧总是能够被阻止或弥补，那最终也就没有悲剧了。

这是美国诗人罗宾逊·杰弗斯（Robinson Jeffers）根据希腊悲剧诗人欧里庇得斯（Euripides）的悲剧《酒神的伴侣》（*The Bacchae*）改编的一首短诗《人文主义者的悲剧》（*The Humanist's Tragedy*）中虚构的希腊底比斯国王彭透斯（Pentheus）的观点。杰弗斯一度影响巨大，后来引发了强烈的争议，最终又几乎被人遗忘。尽管如此，他依然是二十世纪最引人关注的人文主义评论家之一。他把希腊戏剧改写成诗歌意象，暗示悲剧与人类相依相伴，然而悲剧背后依然有着某种重要的东西。

彭透斯信奉理性，于是禁止国民祭拜喜爱狂欢纵欲的酒神狄俄尼索斯（Dionysus）。狄俄尼索斯先是引诱彭透斯的母亲和底比斯的其他妇女到山上参加酒神仪式，然后又引诱彭透斯上山。在山上，纵酒狂欢的人们把国王大卸八块。彭透斯的母亲被酒神附身，也参与了杀害国王的行动。她相信她儿子的头是狮子的脑袋，于是把它带到了皇宫。酒神的魔力逐渐消失之后，她恢复了神志，这才意识到自己所做之事。万念俱灰之下，她带着姐妹们流亡外地，只有一位瞎眼的老人留守在那里。

杰弗斯描述了彭透斯——“不像生在激情洪流上的野兽，坐在没有桨手的小船上，而是一个拥有人类所有尊严的有思想的人，一位国王，一个希腊人”——是怎样被诱骗目睹了酒神的狂欢。

没有敬畏，没有快乐。

一个人，他站在那里，隐藏着自己，审视着道德败坏的禽兽，

暗中侦看着他们为酒神献上的狂暴颂歌。

她们手握着松果头的魔杖，半裸着身躯，嘶哑地唱着疯狂的歌，嘴里流出来的泡沫

混合着

酒和汗，从身体滚落。哦，傻瓜们

坐在没有桨手的船上，

在激情的洪流中飘荡，

完全忘记了人的所有尊严，这唯一

有自制力的动物的骄傲，
指引着他的灵魂，甚至暂时
掌控着他的命运。
这唯一可以把手段变成目的的动物。

狂暴的场景没有让彭透斯更加笃信理性，反而将过往抛入了困惑之中：

“什么结局？天哪，什么结局？”
一个声音在脑海中大喊，“扩张城邦？征服地球？
豢养奴隶牲畜，远离战火，富足平安？
啊，文治武功的徒劳
子子孙孙，永无止境……为了享乐”——他啐了一口在地上
地球——“这个最微小的快乐汇聚之地
竟是痛苦的残余？……”
“世世代代的渴望，”他突然想到，“他们前进，他们攀登……我是否已忘记了人类的初心？

为了增添力量，为了男人的镇定和自尊。”

“一个更加镇定和有尊严的生物，” 他叹息道，“就要死去发臭了。”

彭透斯想要保持住人类的镇静。但是神出现了——“像一艘高桅帆船冲过中间水域 ”——轻柔地对崇拜者说：

当你死后，
你就成了和平的一部分；不要让人
再梦见死神；既看不见也听不清，
更没有任何奇迹出现；我们众神不会介入人世你是和平的一部分，但是，
没有部分：就如同一个吹笛之人，
既无听觉又无知觉，
吹奏出美妙的音律但却充耳不闻。
但是如果你愿意，你可以活着，
你可以越出自己的心狱，
进入大自然，享用她的美丽，
美酒和放肆，艺术和音乐，爱情，苦修，

宗教，

都是手段不是必须，冥想就可以做到。

只要，

打破人类的镇定。

神清楚地表达了杰弗斯对万事万物的看法，他称之为非人文主义。

一个从人到非人的关注点和意义的转换；对人类中心论的拒绝和对超人类的宏大认识……这种思维和感觉方式既非愤世嫉俗也非悲观主义，尽管有两三个人这样说过，而且可能还会这样说。它不是谎言，只是在困难时期一种保持头脑清晰的手段；它具有客观真理和价值。它提供的不是爱、恨和嫉妒，而是一套合理的超然的行为准则。它中和了狂热盲信和不灭的希望；但是它为宗教本能带去了宽宏大度，满足了我们对伟大的倾慕和爱美之心。

杰弗斯倡导的观点涉及“贬低人类的幻想，将目光从人向外转向无限的宏大存在”，他尝试过，但自己也未能实践。人类如果不想要永远自相残杀，就需要这种向外的转向：“如果在某个未来的文明中，乌托邦之梦令人难以置信地实现，而人类也摆脱了欲望和恐惧，那么他们就会更加需要这种避难所，来抵御他们生活致命的空虚和无意义，完全从容地享受生活。人类是一种为了冲突而生的动物，其程度远胜狒狒或野狼；没有了冲突，人类生命就似乎毫无意义。只有将意义和关注点明确地从人转向既非人、也非人类梦想出来的神——神不过是人类自身的投射——的东西，人类才能实现长久的和平。”

1914 年，杰弗斯回到了北加州狂暴的海岸，在卡梅尔附近给自己和妻子（死于 1950 年）建了一座石屋，余生都居于此处。在半隐居的生活中，杰弗斯一直努力远离他以前所称的无意义的人类冲突。他想要复兴悲剧感；但悲剧终于在他面前活生生上演时，他却视而不见。他正确地判断第一次世界大战是一场大灾难，但是却未能看到紧接着发生的第二次世界大战同样是不可逃避的悲剧。他支持美国采取孤立主义立场，自己也尽力采取一种超然的姿态：

> 甚至 P-38s 飞越要塞，
> 如同马蝇，轻松自如。
> 只有那个人，他的悲痛与愤怒，
> 似乎与在人类身上显现的不同，
> 既不伟大也不令人震惊，
> 而是真的太小，
> 产生不了任何扰乱。
> 这真好。
> 这是明智，是仁慈。
> 确实，
> 被谋杀的城市，
> 某一时刻在地球上留下了印记，
> 就像，
> 页岩上的雨痕化石，同样美丽。

杰弗斯努力想要在珍珠港事件后的殊死战斗中发现美的痕迹，因此声名扫地。1948 年出版的诗集似乎证实了批评者们的激烈谴责。他们认为他是文明的敌人，要求美国在战争中对当代的野蛮与丑恶袖手旁观，隐居的诗人在这一点上是错到家了。然而他试图劝说当时的人们，认为当人类动物完全沉浸在人类世界时就会发狂，在这一点上，杰弗斯是对的。

波兰诗人切斯瓦夫·米沃什（Czeslaw Milosz）以更平和的方式批评了杰弗斯。米沃什有段时间住在离卡梅尔不远的地方，尽管他赞赏杰弗斯的勇气，但同时也批驳了他——以及其他任何人——将视线投向人类世界之外的尝试。米沃什注意到杰弗斯"依然是一个宗教作家，虽然不是他的加尔文派牧师父亲所赞许的那种"。

这一观察十分精当，但是杰弗斯并没有完全抛弃他父亲的信仰。像尼采一样——尼采的父亲也是牧师——杰弗斯从未抛弃基督教。他认为宇宙不是出自上帝之手，而是一个无目的的过程，但这个过程仍然应当受到崇敬。正如他的父亲为了动辄降罚的神而弃绝日常生活的乐趣一样，杰弗斯也为了泛神论神学而牺牲了人类的情感。杰弗斯热爱海洋，所以临海而居，因为大海代表了他所梦寐以求的人文关怀的自由。比起杰弗斯的宇宙颂歌，米沃什更喜欢儿时天主教村庄的习俗，在那里人们会在十字架的中心刻上太阳和月亮的图案。如米沃什在一首献给杰弗斯的诗中写的那样：

> 大地所教给我们的，
> 远超过自然力量赤裸的事实。
> 想要免受惩罚，
> 人人都得给自己一双神的眼睛。

为了给自己一双神的眼睛，他不仅远离了基督教，还与他想效仿的异教徒起了争执。无宗教信仰的思想家，比如塞涅卡和卢克莱修渴求宇宙的淡漠的平静。他们并不幻想在有生之年会成为宇宙。他们接受死亡为礼物，杰弗斯想要赞美悲剧，就像尼采宣扬命运之爱：我们应该高兴地拥抱命运。但是异教徒不把命运看作是必须爱或崇拜的东西。马可·奥勒留劝人们顺从命运——而不是顺从命运之爱。塞涅卡建议人们迫使命运在平等条件下竞争，一旦命运似乎占了上风，就通过掌握自己的生活来否认命运的胜利。

不管是尼采追溯到希腊古风时期的自我献祭，还是杰弗斯想要复兴的自我奉献，实际上都是基督教对献祭和顺从的信条。正是这个原因，无论尼采还是杰弗斯都不能重获悲剧感。虽然十字架表现了巨大的痛苦，但它并非悲剧的象征。如果耶稣是战败而死，那或许还有些悲剧的意味。然而他死而复生，世界也得以救赎。现代的反基督者怀着对进步的希望，他们信奉的依然是反悲剧的信仰。

但是拒绝悲剧的不只是基督徒。西方文化的另一条主流，源自苏格拉底和柏拉图的哲学也同样拒绝悲剧。与东方的某些神秘主义教派一样，柏拉图将自我融入了建构出的统一。

在二十世纪三十年代中期，杰弗斯与印度灵性导师吉度·克里希那穆提（Jiddu Krishnamurti）有过几次会面。他的《信条》（*Credo*）一诗也许正由此产生。诗中杰弗斯指出了他和东方神秘主义之间的差别：

> 我来自亚洲的朋友拥有力量和魔法：
> 他从幼小的蓝桉树上，
> 摘下蓝色的叶子一片，
> 凝视着叶子，聚精会神屏声静气；
> 他心中的上帝，

创造了比海洋还真的海洋，
咸咸的，
真实而令人生畏的存在，
这是水的力量；
他相信，
除了我们所创，一切皆虚妄；
我更加卑微地发现，在我的血液中
流淌着高加索以西
更坚固的神秘主义……
……心灵，
在此经过，双目紧闭，
灵魂即过道而已；
事物的美丽在眼前孕育，
它此生足矣；
心碎的美丽依旧，
纵然，
已没有心为它而碎。

杰弗斯所说的“更坚固的神秘主义”，不过是对神秘主义者内省探求的另一种叫法。他们在自己身上找寻上帝的踪迹，依然认为人类是万事万物的中心存在。从人类向外看去，杰弗斯正在进行一个必要的转变；但是当他写到永恒的美丽时，他表明自己信奉的仍然是传统的神秘主义，寄希望于另一个世界。杰弗斯希望避免像柏拉图一样将人类的理念等同于永恒的现实；但是与那位希腊哲学家一样，他把人类对世界的反应投射进了事物的本性之中。他所说的任何人类都能看到的美，正是柏拉图设想的那种超越时间存在的和谐，也就是苏格拉底认为能够消除人类不幸的那种和谐。对于西方哲学的宗师来说，逻各斯——通过他所说的普遍理性——会确保追随它的人最终不会失落。

苏格拉底和他现代的门徒不一样，他没有进步的思想：救赎不是一个历史事件，而是全神贯注于永恒的世界。苏格拉底被判死罪时也从未质疑判决的公正，其中一个原因就是他认为自我最根本的部分不会消亡。希腊人的完美精神实在观念逐渐渗入有神论之中，并成为“上帝”这一观念的一部分。杰弗斯的观点不是他所向往的无神论神秘主义，而是基督教和柏拉图主义宗教的变形。

杰弗斯并没有意识到这一点，同时他正在复兴与基督教共同塑造了西方人文主义的苏格拉底的信仰。以理性为通往永恒真理钥匙的希腊观念，与基督教的历史中的救赎，这两者从来没有达到融会贯通；但由其产生的人文主义——不管世俗的，还是宗教的——塑造了西方的中心传统。在这些传统边缘总有一些声音在呢喃：即使没有形而上学的安慰，生活也可以过得很好，包括古典时代的剧作家和怀疑论者，蒙田等近代初期充满冒险精神的思想者，还有后来的毛特纳和弗洛伊德。他们毫不畏惧地质疑思想的价值。

如果人类的心智得以从神话中解脱出来，那一定不是通过科学，更不是通过哲学，而是通过沉思的顿悟。当华莱士·史蒂文斯描述一个俄国流亡者看着一盘桃子的时候，与桃子接触的不只是他的思想：

> 我用整个身心品尝着这些桃子，
> 我摸着，闻着。谁在说话？
> 谁在说话？但那一定是那个我，
> 那个动物，那个俄国佬，那个被放逐的人……
> ……我不知道

此种暴行能够把一个自我从另一个中扯出，
如同桃子吃得只剩下了核。

盯着桃子看带来的启示改变了“我，那个动物”，一个不知道自己比它所知道的更富足的动物。有着血肉之躯的我们可以通过外表重塑自己的形象。那个俄国人看着桃子的时候，在他身上显现的自我对他来说是陌生的。以陌生人的眼神看着桃子，他陷入了一种梦想，但不是宗教神秘主义者所说的那一种。他从关押着庸常自我的狱中逃脱出来，不是逃进了伟大的合一，而是逃进了他以前从未见过的外部世界。这种景象可能会带来平静，也可能是或者极度的悲伤。不论是哪一种，它都是精神生活的幕间休息。

沉思可以理解成一种活动，其目的不是认识或改变世界，而仅仅是顺其自然。像这样接纳万物并不是一件容易的事。约翰·贝克对游隼长达十年的追踪，还有卢埃林·波伊斯终其一生想要重现池塘边的一次美景，两者都需要坚决地抵制干扰和阻碍。但是，这顿悟并非顿悟前必然出现的全神贯注的结果。有意让心灵向感知敞开是不可有意为之之事的前奏。

与宗教神秘主义的沉思一样，它也要求放下自我。但这样做的目的不是为了进入更高的自我——那是动物的思想遗留下来的臆造物。追寻上帝的神秘主义者想要让这种臆造的事物以一个新的生活方式引领他们。他们认为，只有行动的生活不过是在追寻幻影，这是对的；但是，游走在两个世界虚构边缘的生活又何尝不是？这另一个世界是由渴求的人类创造出来的，而这种生物从来没有离去；弃绝人类的结果，只不过是与人类的幽灵共生。将无神的沉思是一种更彻底的转瞬即逝的状态：暂时从人类的世界解脱出来，而不去思考某个特别的东西。在大多数传统中，沉思生活保障了获得救赎：基督教义中，救赎就是悲剧的结束和对神曲的一瞥；在杰弗斯的泛神论中，救赎就是在欣喜若狂的统一中抹去了自我。无神的神秘主义不能逃脱悲剧的结局，也不能让美永恒。它没有把内在的冲突融入任何虚假的平静之海。它所许诺的只是存在。人类没有救赎，但是也不需要救赎。如路易斯·麦克尼斯（Louis MacNeice）所写：

自克罗马努人[1]之后，
在我们人类物种中，
是否就没有了精神的改变。
平静千年，
再也没有什么渴求，
然而我们每人都明白，变异就在心中。
当世界进步时，
曾经的计划便会消散。
河水从池塘般的地方喷涌，
因为你和我强加于
真实世界的每一个僵死的世界，
终究都会崩塌。
而新的模式，
就会从新的无序中，
如玫瑰般盛开，
旧的设想让位于新的感知，
站在身旁的陌生人正等着他的暗号。

---

1. 克罗马努人（Cro-Magnon），1868 年被发现于法国南部克罗马努山洞中，是旧石器时代晚期新人的总称。

致谢

本书得以完成要感谢许多人的帮助和支持。我要感谢西蒙·温德尔，他是企鹅的本书责编，在我写作的每个阶段都给我鼓励，而且对本书提出了价值无量的评论。感谢特雷西·博安，Wylie 公司的经纪人，他给了一个作者可能需要的一切帮助，还给了我许多建议，让我受益匪浅。感谢亚当·菲利普斯对于文本的评论，它们对于本书的成稿起了至关重要的作用。感谢布莱恩·艾博雅向我推荐了华莱士·史蒂文斯，他的诗作给了我多方面的启发，并最终成就了这本书。我还要感谢克里斯多夫·福瑞利、大卫·赫尔曼、贾尔斯·梅赛、保罗·舒尔策、威尔·赛尔夫、乔恩·斯托斯科和杰弗里·史密斯，与他们的谈话成为本书思想的重要部分。一如既往，我最应该感谢的是我的妻子美惠子。

本人对本书的所有内容，包括其中的一切错误，承担一切责任。

约翰·格雷